KB036307

유현석 교수의

공공외교 수업

Prof, YU's Public Diplomacy 101

유현석 교수의 Prof. YU's Public Diplomacy 101

공공외교 수업

KOREA **KF** FOUNDATION

유현석 지음

한울
아카데미

들어가며

어쩌다 보니 공공외교와 끈끈한 인연을 맺고 있습니다. 학자로서 외교와 외교정책, 소프트파워 등의 분야에 관심이 있었기 때문에 공공외교라는 분야를 접하게 되었고, 한국 공공외교에 관한 초보적인 연구들도 하게 되면서 한국국제교류재단(Korea Foundation, 이하 KF)와 외교부의 공공외교 관련 자문도 하게 되었습니다. 그 후 KF에서 일할 기회가 생겨 공공외교 사업들을 기획하고 또 실행하는 경험도 했습니다. 가장 감사한 것은 제가 공공외교의 최전선이라고 생각하는 재외 공관에서 대사로 일하며, 외교 현장에서 공공외교를 직접 수행하는 소중한 경험을 했다는 것입니다. 지금은 학교로 돌아와서 공공외교에 관한 강의를 하고 있습니다. 그래서 외부 특강을 할 때 저에 관해 "공공외교의 교육, 연구, 기획, 실행 등을 모두 해본 흔하지 않은 공공외교 전문가"라고 자화자찬식 소개를 하곤 합니다.

KF 덕분에 한국에서 공공외교의 저변과 그에 대한 관심이 크게 넓어졌습니다. 제가 몸담은 대학도 참여하고 있는 KF의 '대학 공공외교역량 강화사업'에 따라 한국의 여러 대학에 공공외교 과목이 개설되고 다양한 공공외교 행사들도 열리고 있습니다. 이제는 학생들에게 공공외교가 더는 생소한 단어가 아닌 것 같습니다.

공공외교에 관한 좋은 교재들이 여러 권 있는 상황에서 또 다른 개론서를 쓰는 데 대해 고민이 있었습니다. 다른 책들과 차별성을 갖도록 하는 것이 중요하다고 생각했습니다. 그래서 공공외교의 실재를 다루기로 방향을 정했습니다. 공공외교는 외교 실무이며 따라서 이론이나 관념적 논의보다 실무 영역에서 효과적인 공공외교 메뉴를 개발하는 것이 더 중요하다고 생각합니다. 이러한 목적에 부합하려면 현실에서 공공외교가 어떻게 이루어지고 있는지 보여주는 것이 중요합니다. 미래의 공공외교 인력들이 이 책을 통해 필요한 소양과 지식, 사례를 습득할 수 있기를 원합니다. 그러기 위해 한국의 보건 공공외교 프로젝트, 미국 국무성의 공공외교 사업, 한국 정부 부처의 공공외교 사업, 해외 공관의 다양한 공공외교 프로그램, 지자체의 공공외교 사업, 민간단체의 공공외교 사업 등 실제 사업을 소개하는 데에 많은 지면을 할애했습니다.

공공외교의 영역은 방대합니다. 공공외교 전반을 소개하는 개론서라는 측면에서 볼 때 단독 저자는 약점이 될 수 있습니다. 한 사람이 모든 영역에서 전문성을 갖추기란 쉽지 않기 때문입니다. 개론서는 독창성이 강조되는 연구서의 성격이 아니므로, 필요한 경우 특정 분야의 기존 연구들을 정리해 소개하는 것도 1인 저자가 택할 수 있는 전략입니다. 이 책에서도 국제방송, 지자체 국제 교류, 프랑스 문화외교 기관, 일본의 공공외교 관련 내용은 기존 연구의 일부분 또는 상당 부분을 정리해 소개했습니다. 제 독창적 연구를 주장하는 책이 아니라 일반인들을 위한 공공외교 소개서라는 책의 특성을 이해해 주시길 바라며, 책 말미에 도움을 받은 문헌을 소개하고 있으니 혹시 세밀하게 인용을 하지 못한 부분이 있더라도 너그러이 이해해 주시기 바랍니다.

이 책은 KF의 도움으로 세상에 나올 수 있었습니다. 지원을 해주신 KF에 감사드립니다. 또한 출판계의 불황에도 출판을 흔쾌히 허락해 주신 한울엠플러스㈜에도 감사드립니다. 학업으로 바쁜 중에도 아빠의 부탁에 기꺼이 표지 그림을 디자인해 준 아들 지훈에게도 고마움과 사랑을 보냅니다.

KF의 노력과 이 책이 목표한 바가 성과를 맺어 더 많은 젊은이들이 미래의 공공외교 인력으로 성장할 수 있었으면 좋겠습니다.

2020년 12월
유현석

| 차 례 |

제3부 국가전략으로서의 공공외교

제4부 한국의 공공외교

제1부

공공외교 이해하기

공공외교는 외교영역 중에서도 일반인에게 생소한 영역입니다. 상대국 정부가 아닌 상대국 대중들을 대상으로 하는 외교인 공공외교는 2000년대 이후 많은 나라에서 중요한 외교영역으로 자리 잡고 있습니다. 공공외교가 전통적 외교와 어떻게 다른지, 그리고 이러한 외교형태가 어떻게 등장하여 지금에 이르게 되었는지를 공공외교가 가장 발달한 미국의 경험을 통해 알아보고자 합니다. 그리고 공공외교의 가장 중요한 수단으로 인식되고 있는 소프트파워(연성권력), 그리고 여기에 하드파워(주로 물질적 능력)를 결합한 스마트파워에 대해서 생각해 보고자 합니다.

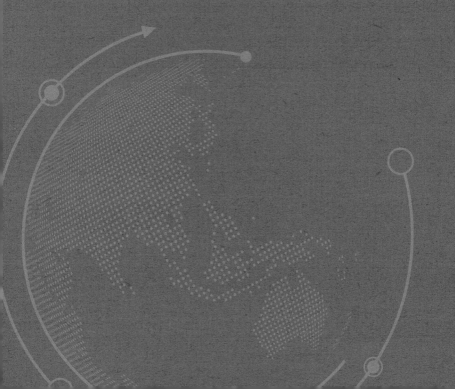

제1장

공공외교는 무엇인가?

공공외교의 개념적 이해

일반인들에게는 그다지 와닿는 말이 아닐 수 있지만, 외교를 연구하는 사람의 시각에서 보면 지금처럼 공공외교에 관한 관심이 높은 적은 없었습니다. 특히 한국의 경우를 보면 2000년대 이전까지 공공외교라는 용어는 학계는 물론이고 외교를 담당하는 정부 부처인 외교부에서도 거의 사용되지 않았던 것이 사실입니다. 그러나 2020년 들어 외교부 공공외교 예산이 300억 원을 넘어선 것에서 알 수 있듯이 지금은 외교부 업무에서 공공외교가 상당히 중요한 비중을 차지하고 있습니다. 2019년 당시 남관표 주일 대사는 기자간담회에서 한일 갈등을 적극적인 공공외교로 풀겠다는 언급을 했습니다. 최근 한국 외교의 가장 큰 난제인 한일 갈등을 해결하는 데에 정상외교도 아니고 공공외교가 중요한 수단으로 등장하는 것을 보면, 현재 한국 외교에서 공공외교가 차지하는 위상과 그에 대한 관심은 상당한 것으로 보입니다.

이 책은 공공외교를 처음 접하는 사람들을 위한 책입니다. 다시 말해 공공외교라는 용어 자체를 처음 들어보거나, '외교'는 무엇인지 어슴푸레 알 것 같지만 공공외교는 전혀 감이 안 잡힌다는 이들의 수준에 맞춰 이야기를 풀어가려 합니다.

1. 외교와 공공외교

외교는 우리가 흔히 접하는 용어입니다. 외교는 Diplomacy의 번역으로, 간단히 말하면 국익을 위해 행동하는 국가 간의 공식적인 상호작용을 의미합니다. 국제 체제를 구성하는 국가들은 다른 국가들과 관계를 맺고 살아가며, 국가들과의 관계에서 일어나는 많은 일을 평화로운 방식으로 축적된 관습과 약속에 따라 행하는 것을 외교라고 할 수 있습니다. 외교는 다양한 역할을 하지만 크게 나누어 보면 국가를 대표하고, 타국과의 커뮤니케이션을 담당하며, 교섭(협상)하는 기능을 합니다. 이와 함께 최근에는 해외에 있는 자국민을 보호하는 역할이 강조되고 있습니다. 이를 국가 간의 다양한 관계에서 특별히 '외교'라는 용어를 사용하는 이유는 무역, 전쟁과 같은 국가 간의 다른 관계와 차별되는 특성이 있기 때문입니다. 기본적으로 외교는 한 나라 정부와 다른 나라 정부 사이의 관계 형태를 일컫습니다. 외교는 또 형식(격식)을 중요시합니다. 두 개의 국가 또는 다수의 정부들이 관계를 맺고 교류할 때에는 따라야 하는 격식이 있습니다.

우리는 늘 외교가 벌어지는 모습을 TV나 신문을 통해서 봅니다. 한국의 외교장관과 참모진들이 테이블 한쪽에 앉고 다른 나라의 외교장관과 그 참모들이 다른 쪽에 앉아 현안에 대해 토론하고 협상하는데, 이것이 바로 외교가 이루어지는 현장의 모습입니다. 트럼프 대통령이 이란을 비난하는 연설을 하고 이란에 대한 제재를 부활하도록 명령하는 모습도 바로 이란과 미국 사이의 외교가 이루어지는 모습입니다. 여기서 외교의 가장 큰 특징을 말해 본다면, 외교는 국가의 공식적 행위이고 그 당사자는 양국 정부라는 것입니다. 외교의 공식적인 담당 부서는 외교부이지만, 이 외에도 다른 정부 부처들, 각 나라의 정상(대통령, 총리 등등)도 외교를 수행합니다. 외교는 시간이 흐르면서 많은 변화를 겪었지만, 그래도 변하지 않는 것은 외교가 국가와 국가 사이의 일이라는 것입니다. 외교는 한 나라 정부가 다른 나라 정부를 상대로 국익을 확보하기 위한 평화적인 행위라는 것입니다. 여기서 우리가 기억해야 할 점은 전통적 외교에서 외교의 대상이 누구인가입니다. 외교의 대상은 바로 다른 나라의 정부입니다. 기억하시길 바랍니다.

외교는 시간이 지나면서 점차 분화되고, 새로운 방식들을 수용하면서 발전합니다. 외교를 하는 주체들도 확대되어 외교관 이외에도 국가의 정상을 포함한 다양한 행위자가 적극적으로 외교에 나서게 됩니다. 현대에 들어서면서 교통이 발달하고, 다양한 국제회의가 생겨 정상들은 굳이 대리인을 거치지 않고 본인들이 직접 만나 중요한 문제들을 논의하고 또 합의점을 찾게 되었습니다. 우리가 흔히 말하는 정상외교라고 부르는 외교의 형태이지요. 국회의원들도 국민을 대표하는 사람들로서 국가 간 현안 해결에 도움을 주고자 상대국 국회의원들과 의회 지도자들을 만나 논의를 하고 지혜를 모읍니다. 이른바 의원외교라고 하는데, 사실 이것은 엄밀히 말해 외교는 아닙니다. 의원들이 어떤 합의를 할 수 있는 임무를 부여받은 것도 아니고, 이들은 입법부에 속하는 사람들로서 정부의 대표가 될 수도 없습니다. 국가의 현안을 해결하는 데에 도움을 주기 위한 국회의원들의 국제적 활동을 '외교'라는 단어를 빌려 의원외교라고 부르는 것일 뿐이죠. 이렇게 보면 외교의 종류가 정상외교, 의원외교, 양자외교 등 무척 다양합니다. 그렇다면 이 책이 주제로 삼은 공공외교는 도대체 어떠한 외교를 말하는 것일까요?

2. 공공외교: 대상 그리고 목적과 수단

먼저 여러분의 궁금증을 빨리 해소하기 위해 우리나라 '공공외교법' 에 담겨 있는 공공외교의 정의를 소개해 보겠습니다.

> 공공외교란 국가가 직접 또는 지방자치단체 및 민간부문과 협력하여
> 문화, 지식, 정책 등을 통하여 대한민국에 대한 외국 국민들의 이해와
> 신뢰를 증진시키는 외교활동을 말한다('공공외교법' 제2조).

이 정의에는 공공외교의 주체, 수단(혹은 영역), 목표, 공공외교의 대상이 담겨 있습니다. 이러한 공공외교 요소 중에 가장 핵심적인 것은 외교의 대상입니다. 이 정의에서 보면 외교의 대상은 '외국 국민들'입니다. 아까 꼭 기억해 달라고 부탁했던 것을 확인해 보겠습니다. 전통적 외교에서 외교의 대상은 누구입니까? 그렇습니다. 바로 정부입니다. 이와는 달리 공공외교에서 외교의 대상은 상대 국가의 정부가 아닌 상대 국가의 국민입니다. 이것이 공공외교의 핵심이고 전통적 외교와의 차이점입니다.

이렇게 외교의 대상이 상대국 국민 혹은 대중으로 바뀌면 외교 행위의 여러 가지가 달라집니다. 먼저 그 주체를 보면 정부는 당연히 전통외교의 주체이며, 공공외교에서도 정부는 중요한 외교 주체입니다. 그러

나 외교의 대상이 상대국 국민이 되면 외교의 주체가 확대됩니다. 상대국 대중을 상대로 하는 외교를 정부 혼자 수행할 수 없습니다. 자국의 본부에 있는 외교부 직원들이 어떻게 전 세계 여러 나라의 대중을 대상으로 외교를 펼칠 수 있을까요? 각 나라에 나가 있는 공관(대사관, 총영사관 등)에서 근무하는 외교관들도 상대국 정부를 대상으로 하는 활동 외에 상대국 국민을 대상으로 하는 외교 업무를 개발하고 수행해야 할 것입니다. 외교를 수행할 인력도 부족하지만, 상대국 국민들과 접촉하고 그들을 상대로 외교 과제를 수행하는 데는 민간 부분의 도움도 필요할 것입니다. 따라서 정부 이외에도 상대 국가의 국민·대중과 교류하는 데에 우리나라의 민간 부분, 즉 대학·지자체·봉사단체·문화예술단체도 중요한 역할을 할 수 있을 것입니다.

두 번째로 대상이 바뀌면 목적도 달라집니다. 상대국 정부를 대상으로 하는 외교는 그 목표도 매우 무겁고 또 심각한 것들입니다. 위안부 문제에 대해 공식적 사과를 받는 일, 대량살상무기 개발을 중단시키는 일, 우리가 필요한 군사적 지원을 받아내는 일, 상대국에 나가 있는 우리 기업이나 국민에 대한 부당한 조치에 항의하고 재발을 막는 일 등이 정부가 하는 외교의 목표입니다. 그러나 상대국 국민들을 대상으로 하는 외교에서 이런 중요하고 어려운 목표들을 달성할 수 없습니다. 상대국 국민들은 그러한 문제를 잘 알지도 못할 가능성이 크고, 알고 있다 하더라도 그런 문제를 해결할 수 있는 위치에 있지도 않습니다. 상대국 국민을 대상으로 세울 수 있는 목표는 우리나라에 호감을 갖게 하고, 우리나라의 상황을 정확히 이해할 수 있게 하며, 우리나라가 추구하는 목표에 지지를 보낼 수 있게 하는 일 등입니다.

세 번째, 대상이 바뀌고 목표가 바뀌면 외교 수단도 달라져야 합니다. 상대국 정부를 대상으로 하는 외교에서는 여러 가지 수단이 활용됩니다. 외교협상의 노하우도 중요한 수단입니다. 경제적·군사적 지원 또는 지원의 박탈 등 다양한 외교적 거래나 지원·압박이 사용되기도 합니다. 그러나 공공외교에서는 이러한 수단들이 사용될 수 없습니다. 외교의 대상이 상대방 국민이기 때문이죠. 상대방 국민들에게는 우리의 문화를 소개하고, 호감을 이끌어내거나 우리의 언어를 소개하고 전파하며, 우리의 발전 경험 등을 공유하는 것들이 중요한 공공외교 수단이 됩니다. 또 우리의 정책을 소개함으로써 우리가 국제사회에 어떠한 기여를 하는지, 세계평화를 위해 어떠한 정책적 노력들을 하고 있는지를 알리는 것도 공공외교의 중요한 수단입니다.

자, 지금쯤은 왜 제가 공공외교의 핵심이 전통외교와는 다른 외교 대상에 있다고 강조했는지 이해했으리라 생각합니다. 전통적 외교와 구분되는 공공외교의 특징은 모두 외교 대상이 상대국 정부에서 상대국 국민으로 바뀌면서 나타나게 된 것입니다.

3. 전통적 외교와 공공외교

그럼 이제 공공외교를 전통적 외교와 비교해 볼 수 있는 그림을 살펴보겠습니다.

다음의 〈그림 1-1〉에서 보면 선 ①은 전통적 외교이고, 선 ②·③은 공공외교입니다. 문제가 되는 것은 선 ④입니다. 공공외교 초기에는 선 ②와 ③만이 공공외교로 인식되었으나, 현대에 와서는 선 ④ 역시 공공외교로 보고 있습니다. 우리나라 역시 2000년대에 와서 공공외교가 외

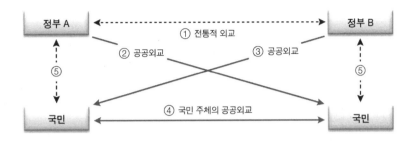

그림 1-1 **공공외교와 전통적 외교**

정부 A
① 전통적 외교
② 공공외교
③ 공공외교
⑤
④ 국민 주체의 공공외교
국민
정부 B
⑤
국민

교의 한 영역으로 자리 잡았기 때문에 정부뿐만 아니라 우리 국민들도 공공외교의 주체라는 것을 받아들였습니다. 사실 선 ④를 공공외교로 보는 것을 반대하는 전문가들도 있었습니다. 반대하는 사람들의 논거는 기본적으로 외교라는 개념이 정부가 수행하는 특정한 행위를 말하며, 일반 국민들이 상대국 국민을 대상으로 하는 활동을 굳이 외교라는 단어를 써서 규정할 필요가 없다는 것이었습니다. 하지만 이미 많은 나라가 국민 차원에서의 이런 활동들을 공공외교의 범주에 포함하고 있었기 때문에 우리나라도 그러한 추세를 수용하게 된 것입니다. 진짜로 문제가 되는 것은 선 ⑤입니다. 한국에서 공공외교가 정립되던 초기에는 우리 정부가 우리 국민을 대상으로 하는 외교 홍보활동도 공공외교에 포함하자는 의견이 있었습니다. 그러나 많은 외교 전문가들이 그런 활동에는 외교라는 말을 사용하면 안 된다고 반대의견을 내며 공공외교의 범주에서 제외된 것이 선 ⑤입니다. 하지만 지금은 선 ⑤를 쌍방향으로 그어 정부가 외교에 대해 국민에게 소상히 설명하고 국민들의 의견을 수렴하며, 국민들이 외교에 참여하는 쌍방향 활동으로 봅니다. 문재인 정부에서는 선 ⑤를 국민외교라 명명하여 우리 외교의 중요한 부분으로 강조하고 있습니다. 그러나 이 작명이 선 ⑤의 성격을 정확히 보여주지는 못하는 듯합니다. 국민 역시 외교의 주체라는 의미가 강한 것 같은데, 사실 이렇게 모든 것에 외교를 붙이게 되면 외교라는 단어의 본래 의미나 중요한 특징들이 모두 없어져 버립니다. 외교 개념의 과대확장이 원래 외교라는 용어가 지칭하려 했던 의미 자체를 사라지게 만드는 것이죠. 개인적으로는 국민외교와 공공외교가 별개의 사안이라고 생각합니다. 국민외교는 문재인 정부에서 국민의 눈높이에 맞는, 국민이 참여하는 외교를 지향하기 위한 개념이라고 생각합니다. 다만 국민외교를 통해 우리 국민의 외교 역량이 높아져서 우리나라의 공공외교 기반이 강화되는 효과를 기대할 수는 있을 것입니다.

이 시점에서 여러분의 이해를 돕기 위해 "공공외교는 실제에서는 이런 활동이다"라고 규정한 견해들을 소개하도록 하겠습니다. 컬(Nicholas Cull)은 공공외교를 듣기(listening), 옹호(advocacy), 문화외교(cultural diplomacy), 교류외교(exchange diplomacy)와 국제방송으로 범주화했습니다(Cull, 2008). 듣기는 타국 대중의 특성과 그들의 의견을 수집·분석하여 국제 환경을 관리하기 위한 노력입니다. 이를 통해 자국 외교정책의 방향을 결정 혹은 수정하는 데에 활용합니다. 옹호는 자국의 정책, 아이디어와 이해관계를 상대국 대중에게 각인하기 위한 국제커뮤니케이션 활동을 의미합니다. 문화외교는 자국의 문화자원과 성과들을 해외에 알리고 적극적으로 확산시키는 행위이며, 교류외교는 초청 등 타국과의 인적 교류를 의미합니다. 마지막으로 국제방송은 이러한 활동을 가능케 하거나 지원하는 중요 수단으로서 국제적 미디어를 통한 활동을 말합니다. 컬은 최근 저작에서 국가브랜딩과 파트너십을 추가했습니다(Cull, 2019). 앤머리 오키피(Ann-Maree O'Keeffe)와 앨릭스 올리버(Alex Oliver) 역시 공공외교 활동에 해외 문화원 운영 같은 문화외교, 장학금이나 학생 교류 등의 교육외교, 단기 방문 프로그램과 같은 교류 프로그램, 미디어 홍보나 브랜딩 등의 커뮤니케이션 프로그램과 국제방송을 공공외교 활동의 예로 제시했습니다(O'Keeffe and Oliver, 2010). 이제 공공외교가 무엇인지 이해했으리라 생각합니다. 아직 이해를 못 했더라도 걱정하실 필요는 없습니다. 이 책의 제4부 '한국의 공공외교'에 실제 공공외교 활동을 자세히 소개하고 있으니, 그 부분을 참고하시면 도움이 될 것입니다.

그런데 왜 공공외교라는 것이 등장한 것일까요? 분명히 전통적 의미의 외교에서는 외교 영역이라고 생각하지 않았을 상대국 국민들에 대한 활동이 왜 공공외교라는 이름으로 외교의 영역에 들어온 걸까요? 이를 알기 위해서는 공공외교의 탄생, 더 정확히는 공공외교가 외교의 영역으로 자리 잡게 된 과정을 이해해야만 합니다. 아주 근본적인 사실 하나를 먼저 이야기하겠습니다. 세상의 변화는 국가의 기존 행동 방식에 변화를 요구합니다. 새로운 기술의 발전이나 국제 관계의 새로운 현안 등은 그동안 국가가 해오던 행동 방식에 변화를 가져옵니다. 공공외교라는 새로운 외교 영역의 등장 역시 국제 관계 환경의 새로운 변화에 대한 국가들의 대응과 무관하지 않을 것입니다. 또한 외교와는 거리가 있었던 국가의 활동이 외교의 영역으로 흡수되면서 새로운 외교 영역으로 자리 잡기도 합니다. 다음 장에서는 공공외교의 등장과 발전에 대해 이야기해 보겠습니다.

제2장

공공외교의 진화

미국의 경험

누가 뭐라 해도 공공외교가 가장 발달한 나라는 미국입니다. public diplomacy(퍼블릭 디플로머시)라는 용어를 처음 사용하고 외교의 하부 영역 중 하나로 제도화한 것도 미국입니다. 물론 다른 나라들도 공공외교라는 말을 사용하지는 않았지만, 오늘날의 공공외교와 유사한 활동들을 해왔던 것은 사실입니다. 그러나 오늘날처럼 공공외교를 외교의 하부 영역으로 삼아, 자체적인 전략을 가지고 수행하게 된 것은 미국의 공공외교 모델이 세계로 확산되면서 생겨난 일입니다. 프랑스 같은 나라는 아직도 공공외교라는 용어의 사용을 꺼리는 경향이 있습니다. 이런 이유로 공공외교 진화의 역사를 보기 위해서는 미국의 경험을 살펴보는 것이 가장 적절합니다. 이 장에서는 미국에서 공공외교가 어떻게 진화해왔는지를 살펴보겠습니다.

1. Public Diplomacy 개념의 탄생과 진화

미국에서 public diplomacy라는 단어가 처음 사용되었을 때 그 용례는 지금 우리가 사용하는 public diplomacy, 즉 공공외교와는 관계가 없었습니다. 그 당시 처음 등장한 public diplomacy라는 용어는 그 이전의 흔한 관행이던 비밀외교와 반대되는, 공개외교를 의미하는 것이었다고 합니다. 제1차 세계대전을 마무리했던 베르사유체제에서 미국의 우드로 윌슨(Woodrow Wilson) 대통령은 주도적 역할을 수행합니다. 국제정치학도들이 잘 아는 우드로 윌슨의 14개 조항(14 points)은 참혹하고 비극적인 세계대전이 다시 일어나는 것을 막기 위해 해야 할 일들을 제시하고 있습니다. 그중 하나가 공개외교입니다. 윌슨 대통령은 당시 관행이던 비밀외교를 비판하며 "비밀외교는 국가들이 잘못된 판단을 하게 하고, 국민들이 정부의 외교정책에 대해 알 수 없게 함으로써 그것을 반대할 수 없도록 만드는 나쁜 제도"라고 말합니다. 만일 공개외교가 일반화된다면 그 국가의 국민들은 자기 나라가 어떤 나라와 동맹을 맺었는지 등을 알고, (그들이 민주주의 국가에 살고 있다면) 잘못된 동맹 정책에 반대할 수 있을 것입니다. 이렇듯 윌슨은 공개외교를 통해 불필요한 전쟁으로 비화되는 것을 줄일 수 있다고 생각한 것입니다. 제1차 세계대전 이후 공개외교는 외교의 올바른 방향으로 인식되어 실천되기 시작합니다.

그러나 공개외교에 대한 생각이 우드로 윌슨에 의해 처음 제시된 것은 아닙니다. 공공외교라는 용어의 변천 과정을 연구한 니컬러스 컬(Nicholas Cull)의 견해를 정리해 보면, 1871년 1월 ≪뉴욕타임스≫ 기사에 'public diplomacy'라는 단어가 등장합니다. 뉴욕주 민주당 하원의원 새뮤얼 콕스(Samuel Cox)가 도미니카공화국을 합병하려는 비밀 책동에 대해 자신은 "보다 열린 외교(open, public diplomacy)"를 지지한다고 연설했습니다(Cull, 2009). 이때 사용한 'public diplomacy'라는 용어는 비밀외교와 대조되는 공개된 외교를 의미하는 것으로, 'open diplomacy'와 같은 의미로 혼용되었습니다. 우드로 윌슨 대통령도 public diplomacy라는 용어를 사용했다고 컬 교수는 말합니다. 1918년 2월 11일 윌슨 대통령이 의회에서 '영구평화 4원칙'을 연설하던 중 독일제국 총리 게오르크 폰 헤르틀링(Georg von Hertling)의 14개 조항에 대한 반응을 거론하면서 "그가 public diplomacy를 수긍한다"라고 말했다는 것입니다. 여기서도 public diplomacy는 외교적 합의를 공개하는 공개외교를 의미합니다. 이와 같은 public diplomacy의 의미는 제2차 세계대전이 끝날 때까지 유지되었습니다.

public diplomacy가 조금씩 다른 의미를 갖게 된 것은 제2차 세계대전 이후입니다. 제2차 세계대전 이후 미국에서는 public diplomacy가 대외 선전, 선전 활동 등의 의미로 쓰이기 시작했습니다. 예를 들어 ≪뉴욕타임스≫의 제임스 레스턴(James Reston) 기자는 존 케네디(John Kennedy) 대통령이 외교 과정에서 보여준 쇼맨십 요소를 public diplomacy라고 표현했습니다. 이렇게 public diplomacy가 공개외교에서 선전 활동(propaganda)이라는 새로운 의미로 변화한 것은 아마도 공개외교라는 새로운 외교 형태, 외교 관행에 따라 외교관과 대통령이 대중을 염두에 둔 쇼맨십이나 슬로건, 캐치프레이즈의 활용, 또는 대중의 생각을 바꾸기 위한 선전 활동에 더 많은 관심을 기울였기 때문으로 추측됩니다. 더군다나 공개외교가 일반화되면서 공개외교라는 단어를 더는 사용하지 않게 되었고, public diplomacy는 다른 의미를 가진 단어로 변화·생존한 것 같습니다.

public diplomacy가 정부의 선전 활동이라는 의미의 용어로 사용되자 propaganda(프로파간다)와 같은 부정적 용어 대신 public diplomacy라는 용어로 대체하고, public diplomacy에 씌워진 부정적 느낌을 벗겨내야겠다는 생각을 가진 사람이 나타났습니다. 이 사람이 바로 지금 우리가 사용하는 공공외교의 의미로 public diplomacy를 사용하기 시작한 에드먼드 걸리언(Edmund Gullion)입니다. 걸리언은 터프츠 대학교의 국제관계 및 법학대학원인 플레처 스쿨(Fletcher School)의 학장이자 전 미 국방부 해외 근무 직원이었는데, 그가 에드워드 머로 공공외교센터(Edward Murrow Center of Public Diplomacy)를 설립하면서 public diplomacy를 새로운 의미로 사용하기 시작했습니다. 한마디로 말하면 그동안 미국 정부의 선전 활동, 즉 propaganda가 갖는 부정적 인식 때문에 미국의 선전 활동을 포장할 다른 용어가 필요했고, 'public diplomacy'가 적당하다고 생각한 것입니다. 걸리언이 단순히 새로운 용어를 사용해 미국의 대외 선전 활동을 포장하려고만 했던 것은 아니라고 생각합니다. 일방적인 선전 활동에서 더 나아가 public diplomacy라는 용어에 걸맞은 외교의 한 영역으로 자리 잡을 수 있는, 좀 더 세련되고 쌍방향적인 성격의 프로그램으로 변화시키고자 했던 의도도 분명히 있었다고 생각합니다. 여기서 걸리언이 사용한 public diplomacy의 정의를 살펴보겠습니다.

public diplomacy는 외교정책의 형성 및 실행 과정에서 대중이 갖는 태도의 영향력을 다루는 것이다. 이것은 전통적인 외교 영역을 초월하는 국제 관계의 범위들을 포괄한다. 비전통적인 영역에는 다른 나라 국민들의 여론을 형성시키는 것, 민간 그룹 교류 및 이해관계의 상호작용이 국경을 넘어서 발생하는 것, 외국의 사정을 보도하는 것과 그것이 대외정책 수립에 영향을 주는 것, 외교관이나 해외 특파원들같이 커뮤니케이션을 주된 임무로 하는 사람들 간의 커뮤니케이션, 문화 간 커뮤니케이션이 일어나는 과정 등이 있다.

걸리언이 public diplomacy라는 용어를 사용하는 방식을 보면 현재 일반적으로 사용하는 공공외교의 의미와 상당히 가까운 것으로 보입니다. 외국 대중의 여론 형성, 외국 민간 그룹 간의 교류, 미디어의 활용, 문화의 교류 등이 그런 것들입니다. 한 가지 저의 주목을 끄는 부분은 '외국의 사정을 보도하는 것과 그것이 대외정책 수립에 영향을 준다는 것'입니다. 이 문장만으로 판단해 보자면 자국 국민들이 외국의 사정을 잘 알도록 하여, 대외정책을 수립하는 데에 국민의 이해나 지지를 확보하는 것을 의미하는 것으로 보입니다. 이러한 해석이 옳다면 걸리언이 생각한 public diplomacy에는 자국 국민들의 외교정책 형성에 있어서 올바른 역할을 하도록 하는 부분이 포함되어 있다고 생각하게 됩니다.
어쨌든 걸리언은 공공외교가 외국 대중의 여론을 형성하는 활동을 포함한다고 보았습니다. 미국 사람들도 public diplomacy라는 단어를 보면서 처음에는 Public을 공개(open)라는 의미로 이해했던 것이고, 걸리언 때 와서는 Public을 대중적인(mass) 혹은 군중이나 대중(people)으로 받아들이기 시작했을 것입니다. 걸리언 이후에 사람들은 public diplomacy를 상대국의 정부가 아닌 Public(대중)을 대상으로 하는 외교라고 이해했다고 생각합니다.

2. Public Diplomacy, '공공외교'라는 번역은 과연 적절한가?

　여기서 잠깐 외국에서 만들어진 개념이나 용어를 번역하여 이해해야만 하는 비영어권 학생들의 어려움을 이야기해 볼까 합니다. 미국에서 만들어진 public diplomacy는 학문적 영역과 외교 실무적 차원에서 비영어권으로 확산됩니다. 우리가 살고 있는 동아시아 지역 차원에서 이야기해 보겠습니다. 안타깝게도 우리가 쓰는 학문 용어 대부분이 일본에서 영어를 번역한 한자어를 그대로 받아 사용하고 있는 것이 현실입니다. diplomacy가 '외교'인 것도 일본인들이 그렇게 번역해서 썼기 때문입니다.

　어쨌든 public diplomacy가 중국이나 일본으로 전파되자, 이 두 나라에서는 이 단어를 公共外交로 번역했습니다. 그렇다면 한자권에서 公共은 무슨 의미일까요? 바로 공공정책 등에서 사용하는 한자가 公共입니다. 公共은 私와 반대되는 개념입니다. 공적인 성격을 갖는 것을 말합니다. 이렇게 보면 public diplomacy를 공공외교로 번역해서 들여온 것은 'public'을 공적인 것을 의미하는 公共(공공)으로 번역한 것이지요. 제 생각에 public diplomacy를 공공외교로 처음 번역한 사람은 public diplomacy의 의미를 정확하게 이해하지 못했던 것 같습니다. 걸리언 이후 public diplomacy에서 public은 공적인 것이라는 의미가 아니라 대중이라는 의미입니다. 영어 단어 public은 공적인 것 이외에도 대중, 공중이라는 의미도 있습니다. public phone이라는 단어에서 public은 대중, 공중을 의미하여 그래서 public phone은 공중전화인 것입니다. '공적'으로 사용하는 전화가 아니지요. 만약 public diplomacy에 대해 정확히 이해했다면 public을 공중이나 대중으로 이해해 공공외교보다는 대중외교 아니면 공중외교 등으로 번역했을 것입니다. 이러한 이유로 저는 공공외교라는 번역을 좋아하지 않고, 이러한 잘못된 번역 때문에 이 용어를 처음 접하는 사람들이 공공외교에 대해서 전혀 감을 잡을 수 없게 되었다고 생각합니다. 실제로 이 개념을 처음 접하는 학생들의 대부분이 공공외교가 무엇이라고 생각하냐는 물음에 "'공적인 외교' 아닌가요?", "공공의 이익을 위한 외교 아닌가요?"라고 답합니다. 공중외교라고 번역했다면 대중을 상대로 한 외교라는 감을 어느 정도는 잡을 수 있었으리라 생각합니다. 일본에서 공공외교로 번역된 용어가 한국에도 깊은 고민 없이 그냥 들어온 것이 아닐까 생각합니다.

사실 우리가 지금 사용하는 많은 사회과학, 인문학 용어들이 다 일본에서 번역한 용어들을 들여온 것들입니다. Republic은 어떻게 '공화국'이 되었을까요? 제가 어렸을 때 읽었던 소공자, 소공녀는 어떻게 해서 생긴 제목일까요? 정답은 Little Princess를 일본에서 소공자, 소공녀로 번역했고, Republic을 공화국으로 번역했기 때문입니다. Public diplomacy도 일본에서 공공외교로 번역한 것을 우리가 그대로 수입해서 쓰고 있는 것입니다. 제 마음 같아서는 지금이라도 Public diplomacy를 공중외교나 대중외교로 바꿔서 사용하자는 캠페인을 하고 싶습니다.

3. 선전 활동에서 대외 홍보로: 냉전기의 미국 공공외교

1965년 에드먼드 걸리언이 플래처 스쿨에 에드워드 머로 공공외교 센터를 설립하면서 public diplomacy를 상대국 대중을 대상으로 한 외교라는 의미로 본격 사용되었지만, 용어 자체는 이미 오래전부터 다른 의미로 사용되어 왔다는 것을 앞서 이야기했습니다. 특히 냉전기 공공외교는 선전(propaganda) 활동으로 인식되었습니다. 그래서 컬이 지적한 것처럼 걸리언은 미국의 이러한 대외 홍보활동을 부정적인 이미지가 가득한 프로파간다가 아닌 새로운 용어로 부르고 싶어 했고, 다른 의미로 사용되고 있던 public diplomacy라는 용어를 그러한 의미로 사용하기 시작한 것입니다. 이러한 역사에서 우리가 읽을 수 있는 것은 공공외교라는 말이 그 당시에는 대외 선전·홍보 활동을 의미하는 것이었다는 점입니다. 당시 미국의 대외 홍보 업무는 냉전 초기인 1953년 설립된 미국해외홍보처(United States Information Agency, 이하 USIA)가 담당하고 있었습니다. 이때는 이미 소련과의 냉전이 본격화된 시기였고, 미국해외홍보처는 소련과 공산주의에 대항해 미국과 자본주의의 우월성을 홍보하는 업무를 담당하고 있었습니다. 이른바 선전(propaganda) 담당 기관이었던 것이죠. 그런데 길리언이 이 선전 활동을 public diplomacy로 명명해 외교 행위 중 하나라는 의미를 갖도록 함으로써, USIA 선전 요원들은 적국 대중을 상대로 훨씬 우아하게 외교 임무를 수행하는 사람들이 되었습니다.

USIA를 설립한 드와이트 아이젠하워(Dwight Eisenhower) 대통령은 대외 홍보활동을 통해 '자유, 진보, 평화'를 증진시키는 것을 USIA의 목적이라고 생각했습니다. 그러나 USIA의 활동이 이러한 대외 홍보에만 국한된 것은 아니었습니다. USIA는 현실적인 필요에 따라 소련의 프로파간다에 대항하기 위한 대프로파간다(counter propaganda) 활동에 많은 자원을 투여하기도 했습니다. USIA가 공공외교의 중심기관으로 재규정되면서 미국 대외 선전의 중심에 있던 USIA는 선전 활동과는 구별되는 미국의 문화, 가치관, 다양성 등을 홍보하는 역할을 부여받게 됩니다.

USIA가 해외 대중에 대한 교류, 홍보를 담당하는 부서로 자리 잡으면서 라디오 방송국인 미국의 소리(VOA: Voice of America)와, 국무부 내의 풀브라이트 프로그램(Fulbright Program)을 포함해 해외 대중과 연계를 목표로 하는 모든 업무의 관할권이 USIA로 넘어가게 됩니다(Cowan and Cull, 2013).

public diplomacy의 이러한 기원 때문에 아직도 공공외교를 프로파간다 활동을 우아하게 부르는 용어로 생각하는 전문가들도 있습니다. 외교관 제프리 베리지(Geoffrey Berridge)는 실제로 공공외교가 프로파간다 활동을 재명명(rebranding)한 것에 지나지 않는다고 비판하고 있습니다(Berridge, 2015). 이렇게 처음에는 public diplomacy가 선전 활동과 동일시되었기 때문에 저는 걸리언 이전 시기의 활동들을 현대적 의미의 공공외교로 보지는 않습니다(그래서 저는 공공외교 1.0으로 부릅니다). 걸리언이 공공외교센터를 설립한 이후 선전 활동을 넘어서는 내용들이 보강되면서 지금 우리가 생각하는 공공외교 활동이 이루어졌기 때문에, 1965년 이후를 본격적인 공공외교의 시작으로 보는 것이 적절한 것이지요.

걸리언이 공공외교센터를 설립한 시기인 1965년에 주목해야 합니다. 냉전이 본격화되어 미국과 소련의 대결은 첨예했습니다. 미국의 식민 지배를 받던 쿠바가 1959년 사회주의 혁명을 성공시키고 미국을 내몰았습니다. 미국은 피델 카스트로(Fidel Castro)로 정권을 무너뜨리기 위해 피그만 침공을 시도했으나 대실패로 끝나 망신을 당하게 됩니다. 그 후 쿠바가 미사일 기지를 건설하며, 미국의 코밑에서 미국을 위협하게 되면서 1962년 쿠바 미사일 위기가 벌어집니다. 베트남에서는 미국의 지원을 받은 프랑스가 호찌민(Ho Chi Minh)이 이끄는 공산주의 세력에 패하자 미국은 1964년 통킹만에 정박 중인 자국 구축함이 베트콩의 공격을 받은 것처럼 조작해 2차 베트남 전쟁을 시작합니다. 자유세계의 지도자 미국의 위상이 위협을 받고 도덕성까지 흔들리게 된 것입니다. 이 같은 상황에서 미국의 좋은 이미지와 가치관 등을 홍보할 해외홍보 활동이 필요하게 됩니다. 이러한 활동은 그 이전의 대소련 프로파간다와는 차별되지만, 일방적인 메시지 전달이라는 점에서는 한계가 있었습니다.

이 시기 USIA 중심의 공공외교는 미국에 대한 긍정적인 인식을 확산시키는 데에 초점이 맞춰졌습니다. 물론 미국의 우월성을 부각하기 위해 공산주의와 소련에 대한 부정적 이미지도 부각시켰지요. 강제수용소, 공산주의의 모순과 공산주의 경제의 실패 등을 공격하면서 미국이 이끄는 자유 진영 국가들의 자유와 민주주의·자본주의의 장점, 과학과 기술의 진보 등을 홍보했습니다. 특히 USIA는 미국의 정책, 문화에 대해 홍보하고 해외의 많은 미국 전문가들을 미국으로 초청하여 그들이 스스로 미국 문화와 사회의 다양함을 경험하도록 했습니다. USIA의 활동 외에도 1960년대 이후 미국 공공외교는 국제교육(international education) 프로그램과 평화봉사단(peace corp)을 중심으로 이루어졌습니다. 미국의 국제교육 프로그램에 대한 투자는 교육받은 친서방·친미국 시민들을 길러내는 것이 소련 및 공산권과 싸우는 데에 매우 중요하다는 인식 때문이었습니다. 1947년 만들어진 풀브라이트 프로그램은 해외의 유망한 학생들에게 미국에서 교육받을 수 있는 기회를 제공함으로써, 그들이 공부를 마치고 본국으로 돌아가 미국에 대해 우호적인 정보를 전달하도록 하려는 의도가 있었습니다.

물론 풀브라이트 프로그램에 자기 자신의 이름을 건 윌리엄 풀브라이트(William Fulbright)는 이러한 국제교류 프로그램(exchange program)

이 미국의 이미지를 제고하기 위한 선전 목적으로 추진되어서는 안 된다고 지적한 바 있습니다. 그는 교류 프로그램의 가치는 지식과 지혜, 공감을 확장할 수 있는 기회를 제공하는 데에 있다고 보았습니다. 풀브라이트는 장기적이고 더 근본적인 목표가 있었던 것으로 보입니다. 그의 목표는 자유주의적인 가치관, 갈등을 평화적으로 해결할 수 있는 소양과 능력을 갖춰 미국의 장점을 정확하게 전달할 수 있는 젊은이들을 전 세계적으로 길러냄으로써, 공산주의로부터 자신들의 나라를 지지키는 역할을 하도록 하는 것이었습니다.

평화봉사단 역시 미국의 이미지를 만들고 전파하는 데에 중요한 역할을 했습니다. 평화봉사단은 1961년 케네디 대통령이 만든 미국 청년들의 개도국 해외봉사 프로그램입니다. 교육, 농업, 보건, 무역, 기술, 지역사회 개발 분야에 전문 인력을 파견해 개도국의 노력을 지원하는 데에 목적을 두고 있었습니다. 기술 전수와 함께 자유와 평화라는 미국의 가치를 전파하는 역할도 했습니다. 봉사단원들은 2년 동안 해당 국가에 머무르면서 그 나라의 언어와 풍습을 따르고 그곳 국민들과 비슷한 방식으로 살아가야 한다는 규정을 지켜야 했습니다. 이러한 노력 덕분에 평화봉사단원들과 미국에 대한 긍정적인 이미지가 형성되었습니다. 어떻게 보면 이들은 미국 공공외교의 최전선에서 활약한 젊은이들이라고 볼 수도 있겠습니다.

냉전기의 모든 공공외교 프로그램이 프로파간다나 일방적 국가 홍보는 아니었습니다. 그러나 냉전 역시 하나의 전쟁이었고, 여기서 승리하기 위해 모든 것을 쏟아부었기 때문에 공공외교는 정부가 특정한 목적으로 때로는 진실이 아닌 것을 전파하는 활동도 포함했을 수도 있습니다. 이와 같은 선전 형태의 공공외교는 미국 정부 내에서 공공외교의 방향에 대한 논쟁이 말해주는 것처럼 한계에 부딪히게 됩니다. 그리고 정보통신 혁명이라는 기술 발전 역시 공공외교의 성격에 변화를 가져오게 됩니다.

4. 탈냉전기와 공공외교: 미국 외교의 새로운 도전들에 대한 대응

많은 사람들이 미국에서 공공외교에 대한 관심이 부활한 것은 9·11 테러의 충격 때문이라고 합니다. 냉전이 끝나고 탈냉전 시대를 맞아 미국이 기존의 냉전 스타일 공공외교를 새로운 방향으로 재검토했던 것은 아닙니다. 정확히 말하면 냉전이 끝나고 냉전형 공공외교의 필요성이 줄어들자 공공외교에 대한 관심 또한 줄어들었습니다. 탈냉전기에 미국이 관심을 기울이던 세계화나 자유무역 확대와 같은 새로운 어젠다에 대한 홍보가 필요하다고 생각한 정도였던 것 같습니다. 1994년 공화당이 선거에서 압승하자 상원에서는 USIA를 비롯한 국무성과 공공외교 예산 삭감 요구가 거세집니다. 1998년 '외무 개혁 및 구조조정 법(Foreign Affairs Reform and Restructuring Act)'의 결과, 미국 외교 담당 기관들의 구조조정이 시작됩니다. 빌 클린턴(Bill Clinton) 대통령은 1999년에 USIA를 국무부 산하로 편입시킵니다. 냉전이 끝난 상황에서 USIA를 굳이 독립적인 조직으로 운영할 필요가 없다고 생각한 듯합니다. 냉전이 한창이던 1960년대 중반에 1만 2000명이던 USIA 직원 수는 미국 국무부에 흡수될 무렵 6715명으로 절반 정도 줄었습니다. 그러나 이렇게 조직을 재편성한 2년 후에 9·11 테러가 발생하면서 공공외교에 대한 관심이 다시 부상합니다.

그런데 공공외교 전문가들은 9·11 사건은 미국의 공공외교 실패를 그저 아프게 깨닫게 한 계기였을 뿐, 미국의 공공외교는 여러 가지 차원에서 심각한 도전을 받고 있었다고 평합니다. 앞서 말했듯이 공공외교에 대한 관심이 줄어들면서, 미국의 공공외교 예산은 심각하게 삭감되었습니다. 존슨 스티븐(Johnson Stephen)과 헬레 데일(Helle Dale)에 따르면 세계 최대의 이슬람 민주주의 국가인 인도네시아에서 USIA 임무를 위한 재원은 절반으로 삭감되었다고 합니다(Stephen and Dale, 2003). 또 하나의 중요한 변화는 민주화가 세계적인 추세가 된 것입니다. 이제는 세계의 절반 이상이 민주주의 국가이고, 이 국가들에서는 국가의 정보 통제가 불가능해졌습니다. 국민들은 정보에 접근하고 자신의 견해를 갖게 됩니다. 이제 이들을 설득해야 하는 것이 중요한 외교적 과제가 되었습니다. 그 이전 냉전기의 모델처럼 희소한 정보를 공급하고 일방적으로 커뮤니케이션하는 공공외교는 적실성을 잃어가고 있었습니다. 세계 각국의 시민들이 정보를 통해, 미국의 프로파간다성 정보의 진위를 판단할 수 있게 된 것입니다. 또 민주화로 인해 시민사회가 활성화되고 NGO(비정부기구)들의 영향력과 중요성이 더욱 커지면서, 공공외교와 같은 상대국 여론을 대상으로 하는 외교 활동의 중요성이 더욱 커지게 되었습니다.

마지막으로 가장 큰 변화가 정보화 혁명입니다. 현대에는 많은 사람이 기본적으로 정보에 접근하고 정보를 소유할 수 있습니다. 21세기 들어 이와 같은 정보혁명의 변화 속도는 가공할 정도입니다. 이제 소셜미디어와 유튜브가 기존의 공중파 방송을 대체하고 있습니다. 이러한 기술 변화는 오늘날 아무리 국제적 차원의 미디어를 소유한다고 해도 정보를 독점하거나 내 정보를 가장 선호하는 정보로 만드는 것이 불가능함을 의미합니다. 이제 영국의 BBC 라디오나 VOA 방송이 미국의 가치관과 미국의 민주주의를 효과적으로 전달하기도 전에, CNN이나 유튜브를 통해 미군 폭격에 의한 민간인 사상자가 담긴 화면이 전 세계 대중에게 도달할 여지가 더 커졌습니다. 또 새로운 정보기술의 발달은 일방적인 메시지 전달을 넘어서 정보의 전달과 교류, 공유를 가능하게 만들었으며, 이에 따라 다양한 커뮤니케이션 활동 또한 가능해졌습니다. 이제는 공공외교도 이러한 기술적 변화와 외교 변화를 반영할 수밖에 없습니다. 이렇듯 외교 환경의 변화에 따라 공공외교의 혁신 필요성이 증대되고 있었지만, 미국은 적어도 9·11 테러 전까지는 오히려 반대 방향으로 가고 있었던 것으로 보입니다.

5. 9·11 테러와 공공외교의 재부상

9·11 테러는 진주만 공습 이후 미국 본토에서 외적의 공격으로 희생자가 대거 발생한 최초의 사건입니다. 9·11 테러는 미국의 국가안보에 새로운 사고를 요구하게 됩니다. 다시 말해 미국의 국가안보에 대한 주된 위협이 다른 주권국가가 아닐 수도 있으며, 이들은 테러와 같은 비대칭적 수단을 사용하므로 국가안보를 달성하기 위한 기존의 수단들로는 차단할 수 없기 때문입니다. 국가안보 차원에서 이러한 새로운 도전에 대해 고민하고 있을 때, 미국의 외교 담당자들은 대중동 외교에 대해 반성을 하게 됩니다. 9·11 테러는 미국 외교에서 크나큰 충격이었습니다. 아랍의 리더 국가들, 즉 이집트, 사우디아라비아를 비롯한 많은 친미 아랍 국가들과 가까운 관계를 유지해 왔던 미국에서 사우디아라비아 청년들이 중심이 된 9·11 테러가 발생하면서 미국은 대중동 외교를 재검토

하게 됩니다. 그 결과 미국 대중동 외교의 주요 실패 요인이 중동 국가들의 정부가 아닌 국민들이 미국에 대해 품은 증오와 불만을 심각하게 생각하지 않고 아무런 대책을 마련하지 못한 것임을 깨닫게 됩니다. 정부 대 정부 차원에서는 미국은 중동의 주요 국가와 우방의 관계를 유지했지만, 그 국가들의 국민 대부분은 미국을 증오했고, 결국 테러라는 방법을 선택해 미국에 보복한 것이지요. 중동 대중에게 미국을 이해시키고 미국에 대한 증오와 불만을 해소시키기 위한 외교적 노력이 부족했다는 점을 깨닫고, 그에 대한 반성을 바탕으로 미국 외교에서 공공외교의 중요성이 다시 부상합니다. 민간 부분의 역할 확대, 자원·인력 투입 증대, 부처 간 조율 확대 등이 개선 방안으로 제시되는 가운데, 개선 방향의 핵심은 양방향 소통(two-way communication)의 공공외교를 추진하는 것이었습니다.

9·11 테러 이후 공공외교의 큰 흐름은 일방적 선전이 아닌 상대방 국민들의 마음을 얻기 위한 다양한 노력, 그리고 국가 외 행위자들의 참여로 요약할 수 있습니다. 먼저 국무부는 2004 회계연도부터 2009 회계연도까지 추구할 주요 전략 목표 중 하나로 국토 안보와 함께 공공외교를 추가했습니다. 공공외교의 중요성이 강조된 것을 상징적으로 보여주는 것이지요. 예산 면에서도, 1999년 USIA의 국무부 합병 때 최저를 기록한 예산은 2004년 이후 크게 늘어나 15억 달러를 기록했습니다. 물론 그 이후 조금씩 줄어들기는 했지만 2007년에는 다시 16억 달러를 기록하여, 공공외교 예산이 이전 수준으로 회복되었습니다. 지역적으로 보면 공공외교 활동의 주된 지역은 중동과 남아시아로, 무슬림 국가를 상대로 한 공공외교 활동이 증가되었음을 알 수 있습니다. 9·11 테러 이후 임명된 공공외교 담당 차관 샬럿 비어스(Charlotte Beers) 차관은 USIA가

담당하던 해외방송 역할을 넘겨받은 방송위원회(Broadcasting Board of Governors, BBG)에 중동 및 이슬람권을 겨냥한 라디오 사와(Radio Sawa), 알후라(al-Hurra), 라디오 파르다(Radio Farda)라는 프로그램과 가치공유 이니셔티브(Shared Value Initiative)라는 프로그램을 신설했습니다(김명섭·안혜경 2007). 물론 이와 같은 프로그램들이 과연 쌍방향 커뮤니케이션의 성격이냐에 대해서는 논란이 많았습니다. 하지만 이러한 노력들이 9·11 테러 이후 미국의 대이슬람권 공공외교 강화 노력을 보여주는 것은 확실합니다.

9·11 테러 이후 미국의 조지 부시(George W. Bush) 정부가 일방주의적 대외정책 스타일이었다고 인식되고 있지만, 부시 정부 2기에 들어서는 변환 외교라는 새로운 외교 목표를 추진하면서 공공외교를 강조합니다. 변환 외교(transformation diplomacy)에서는 기존의 공관 중심 외교에서 벗어나 인터넷상의 사이버 공관과 같은 새로운 접촉 수단을 마련했으며, 미국이 전하고자 하는 메시지나 지식 등을 전 세계 시민들을 상대로 전파하는 지식외교도 활발히 수행되었습니다. 변환 외교가 민주주의 확산과 비민주적 국가들에 대한 개입 차원으로 이해되고 있지만, 변환 외교의 중요한 축은 그러한 목적을 위해 외교 태세를 전환한 것입니다. 콘돌리자 라이스(Condoleezza Rice) 전 국무장관은 변환 외교를 위한 5개 과제를 제시하면서 외교 태세의 현지화를 그중 하나로 제시했는데, 여기에는 공공외교의 강화, 가상 공관 개설 등이 포함됩니다. 또 변환 외교를 위한 조직 신설, 재편, 인원 조정 등에서도 공공외교센터 신설 및 새로운 공공외교 기법 발굴·활용, 교환 프로그램 확대를 포함한 외국인의 미국 내 교육 기회 및 지원 확대, 각 지역국 공공외교 담당 부차관의 의사결정과정 참여 보장 등 공공외교 강화가 강조되고 있습니

다(최강, 2006).

이러한 움직임은 오바마 정부에 와서 더욱 강화됩니다. 오바마 정부는 9·11 테러 이후 닥친 미국의 또 하나의 위기, 미국발 금융위기를 맞아 반미 여론과 미국쇠퇴론에 대응하기 위해 수신자 중심의 공공외교를 추진하게 됩니다. 또 공공외교의 주체를 시민으로도 넓혀 시민이 참여하는 공공외교를 강조함으로써, 미국의 이미지 회복이라는 점에서 많은 성과를 거둡니다. 더불어 미국은 외교에서 민간 부문의 역할도 강조했습니다. 2010년 힐러리 클린턴(Hillary Clinton)이 국무장관에 취임하면서 발표한「제1차 4개년 외교 개발 검토(QDDR): 민간 권력을 통한 주도하기(The First Quadrennial Diplomacy and Development Review: Leading Through Civilian Power)」는 미국이 21세기의 새로운 도전에 대응하기 위해 민간 부분의 능력을 최대한 잘 발휘할 수 있도록 미국 외교 부서와 개발 담당 부서(USAID)의 변화를 이끌어내야 하며, 구체적인 방향으로 민간 부분과 시민사회를 외교 분야에 연결함으로써 외교의 새로운 자원들을 활용할 수 있어야 한다고 강조했습니다. 또 공공외교를 외교 임무의 핵심으로 만들어야 하는데, 그 방안으로서는 지역적 미디어 허브를 건설하여 공적인 논쟁들에 적극적으로 대응하고, 지역사회 차원의 외교를 통해 미국과 이익을 공유하는 네트워크를 만들며, 사람 대 사람(people to people)의 관계를 확대할 것을 제시하고 있습니다.

이러한 방향은 이제 미국의 외교가 정부 기관의 역량만으로는 새로운 외교적 도전에 대응할 수 없다는 인식을 바탕으로 합니다. 미국의 민간 부분과 기업 모두가 외교 영역에 연결되어 자신들의 전문성을 통해 미국의 이익을 위해 일해야 한다는 것입니다. 이러한 역할을 잘 조정하고 조율하기 위해 세계 각국에 나가 있는 외교 공관, 특히 대사의 역할이 중요하다고 지적합니다. 대사들은 민간 부분의 전문가들, 시민 사회단체들의 협력과 도움이 필요한 곳이 있을 때 그러한 파트너십을 구축하고 운영할 수 있는 능력을 갖춰야 한다고 강조합니다. 이러한 동반 관계는 특히 상대국 정부가 아닌 상대국의 대중, 그리고 지역사회 등에서 힘을 발휘할 수 있다고 생각합니다. 그래서 새로운 외교 방향에서는 공공외교가 중요한 역할을 하게 됩니다.

이렇듯 다시 시작된 미국의 공공외교에 대한 관심은 다른 나라에도 영향을 미쳤고, 전반적인 외교 환경 변화와 맞물려 여러 나라에서 공공외교에 대한 관심이 강화됩니다. 특히 중국의 공공외교에 대한 관심은 주목할 만합니다. 중국은 전통적으로 선전·선동 활동이 강합니다. 하지만 중국도 오래전부터 민간외교, 문화외교에 대해 관심을 기울여왔고, 이러한 활동들을 공공외교로 인식하고 있었던 것으로 보입니다. 위웨이 왕(Yiwei Wang)에 따르면 중국이 본격적으로 '공공외교'라는 용어를 사용하며 외교부 조직으로 담당 부서를 만든 것은 9·11 테러 이후인 2003~2004년부터입니다(Wang, 2008). 2004년 3월 외교부 산하 신문사(The Information Department)에 공공외교처가 생겨났습니다. 하지만 이러한 조직상의 변화가 중국이 현대적 의미의 공공외교를 수용했다는 것을 의미하는 것은 아닙니다. 공공외교에 관심을 가진 학자들은 공공외교에 대한 이해가 분명했지만, 이 시기 중국의 외교 지도자들은 공공외교를 중국 인민들에게 중국의 외교를 홍보하여 이해를 얻는 것으로 인식했습니다. 물론 공공외교에 대한 인식은 후에 변화했고, 특히 국제사회에서 중국위협론이 등장하면서 중국의 소프트파워를 강화하고 부정적 이미지를 변화시키기 위한 공공외교가 본격적으로 시작됩니다.

9·11 테러 이후 미국의 공공외교는 얀 멜리센(Jan Melissen)이 명명한

신공공외교의 성격을 띠는 것으로 보입니다. 멜리센은 21세기 공공외교를 20세기 공공외교와 구별하기 위해 신공공외교(new public diplomacy)라는 용어를 사용했습니다(Melissen, 2008). 신공공외교는 외교의 주체라는 면에서 NGO(비정부기구)와 기업, 개인 등 비정부 행위자의 공공외교 참여가 이전보다 활발해지고 있고, 디지털 기술의 발전으로 인터넷이 활용되는 등 공공외교 수단이 다양화되었으며, 이러한 변화의 결과 그 성격이 수평적이고 개방적으로 바뀌었다는 특징이 있습니다.

기업, 개인, NGO 등 공공외교 참여와 이들 사이의 네트워크가 중요한 역할을 하는 21세기 신공공외교는 기술 발달과 민주화, 시민사회의 성장 등 공공외교의 환경 변화를 반영하고 있습니다. 이러한 공공외교 주체의 변화는 내용의 변화를 불러옵니다. 정부 중심이 아닌 NGO, 개인, 기업, 대학 등 민간의 역할이 중요해진 공공외교에서는 이들의 관심이 반영된 새로운 내용과 목적이 나타납니다. 제가 공공외교 3.0이라고 부르는 새로운 공공외교 어젠다는 특정 국가의 이익에 초점을 맞추기보다 보편적인 공공의 이익, 지구촌의 새로운 문제 해결에 대한 공헌 등에 초점을 맞춥니다. 이와 같은 새로운 형태의 공공외교가 기존의 국가 중심 공공외교와 공존하는 시대가 오게 된 것이죠.

6. 사례: 현장에서의 미국 공공외교의 진화, 한국에서의 미국 공공외교

이 부분은 미국 공공외교협회(Public Diplomacy Council) 회장 도널드 비숍(Donald M. Bishop)의 강연 내용을 제가 스토리 형식으로 재구성한 것입니다. 이 강연은 2014년 부산에서 열린 한미공공외교 워크숍에서 한 것입니다. 도널드 비숍(Donald Bishop)은 미 공군으로 한국에서 근무했고, 제대 후에는 주한 미국대사관에서 근무했습니다. 1979년에 USIA(United States Information Agency, 미국 해외 정보국)에 입사해 1985년부터 1987년까지 대구 미국문화원에서 근무했습니다. 미국 공공외교 현장에서 일했던 도널드 비숍의 이야기는 선전·홍보 시기부터 탈냉전 이후 시기까지 미국 공공외교의 실제가 어떻게 이루어졌는지에 대한 이해를 높일 수 있을 것입니다.

지금은 제가 미국의 공공외교와 관련된 권위 있는 기관에서 일하고 있지만, 사실 저의 공공외교 경험은 꽤 오래전으로 거슬러 올라갑니다. 저는 미 공군 소속 군인으로서 한국에서 근무했었습니다. 그때 저는 전라남도 광주의 미국문화원 영어회화 교실에서 주말이나 저녁에 영어회화 서클의 원어민 파트너 역할을 하곤 했습니다. 당시 광주일고나 전남여고 학생들로 구성된 영어회화 서클에서 한국의 고등학생들과 시간을 보내며 다른 동료 미군들이 경험하지 못한 소중한 경험들을 했습니다. 한국에 대해 더 많이 알게 되었고 한국의 문화에 대해서도 관심을 가지게 되었습니다. 아직까지도 그때 만난 몇몇 학생들과는 연락을 하고 지냅니다. 그들 중에는 주요 신문사의 논설위원이 된 사람도 있고, 한국 인권위원회 의장이 된 분도 있습니다.

제가 1979년 USIA에 들어가면서 공공외교가 제 직업이 되었습니다. 1985년부터 1987년까지 저는 대구에 있는 미국문화원과 서울의 미국문화원에서 일했습니다. 그 당시에 저는 이미 오랫동안 한국에서 공공외교의 일선에서 일했던 선배들로부터 공공외교에 대한 대부분을 배웠던 것 같습니다. 1950년대부터 1970년대 한국에서의 USIS(미국공보원) 프로그램은 USIA의 공공외교 프로그램 특징들을 그대로 가지고 있었습니다. 첫째, 그 당시의 공공외교는 문화원 중심의 공공외교였습니다. 제2차 세계대전 이후 독일, 오스트리아, 일본, 한국 등에 문화원들이 만들어졌습니다. 1953년 설립된 USIA는 전 세계의 미 문화원들을 통합 관리하기 시작했습니다. 각 문화원에는 책을 대출해 주는 도서관이 설치되었습니다. 제 생각으로는 책을 대여해 주는 도서관이라는 것이 생소했던 한국에서, 이러한 도서관들은 새로운 지식을 전파하는 데에 매우 큰 역할을 했습니다.

또 각 문화원은 영어 강습을 지원했습니다. 어떤 나라에서는 수강료를 받고 영어를 가르쳐주는 프로그램이 있었고, 1970년대 한국에서는 여러 대학 및 고등학교의 영어 학습 동아리들이 서울, 부산, 대구, 광주의 문화원에서 제공하는 공간과 미국인 도우미들을 통해 영어를 배웠습니다. 이 당시에 학생들은 문화원에서 열리는 영화 상영회, 전시회, 공연 등을 관람하곤 했습니다. 학생들 스스로가 영어 연극을 연습해서 무대에 올리기도 했습니다. 이 시기에 문화원의 단골 고객들은 교수, 학자, 기업 관련 인사들, 성인 영어 교습자들 등 다양했지만, 가장 많은 수는 학생들이었습니다. 그것은 아마도 지금처럼 카페들이 없던 시절에 미국문화원의 도서관이 쾌적하고 조용해서 공부하거나 책을 읽는 등 시간을 보내기에 아주 좋은 환경이기 때문일 수도 있습니다. 당시에 문화원 원장들은 대체로 지역 대학에서 미국학을 강의하는 것이 일반적이었습니다. 그리고 이들의 아내들은 문화원에서 영어를 가르쳤습니다. 나중에 결혼한 제 집사람도 문화원에서 영어를 가르쳤습니다. 지역에 살고 있는 미국인들도 대체로 문화원의 활동에 적극 참여했습니다. 문화원들은 또 잡지와 정책 자료들을 구비하여 미국에 대한 좀 더 높은 수준의 관심을 충족시켜 주려 노력했습니다. 서울, 부산, 대구, 광주의 문화원들에는 풀브라이트 프로그램 담당자, 인적 교류 프로그램 및 다른 교류 프로그램 담당자가 지정되어 있었습니다. 그 후 USIS는 다른 여러 가지 프로그램들을 개발해서 시행했는데요, 예를 들면 콜롬비아 대학교의 교육대학은 한국의 문교부와 협력해 한국 학교들에 민주주의적 가치를 전파하는 프로그램을 진행했습니다.

1970년대, 1980년대가 되면서 한국을 포함한 다른 모든 나라에서 미국 공공외교 프로그램의 성격이 변하기 시작합니다. 가장 큰 변화는 공공외교의 패러다임이 변화한 것이었습니다. 새로운 변화를 반영하는 슬로건은 바로 "우리는 문화 관련 일을 하지 않는다. 우리가 하는 일은 정책에 관한 일이다!(We don't do culture, we do policy!)"였습니다. 새로운 공공외교의 방향이 정해지면서 활동의 초점이 '영향력' 있는 사람들에 집중되었습니다. 이에 따라 USIS는 새로운 2단계 소통 접근법을 채택했습니다. 이제 USIS는 교수들을 대상으로 일하고, 학생들은 그 교수들에게 맡기는 것입니다. 또 USIS는 편집인이나 기자들을 상대하고, 그러한 언론인들이 대중을 상대하게 하는 것입니다. 패러다임이 변하면서 문화원의 프로그램들도 바뀝니다. 미국문화원은 영어회화 동아리들에 대한 지원 사업을 중단했고, 도서관은 서적들도 축소하고 새롭게 개편합니다. 예전에 잔뜩 있었던 미국 예술(American art) 관련 서적들이 줄어들고, 미국의 무역 관련 서적, 글로벌 이슈에 관한 서적들로 대체되었습니다.

이러한 변화와 함께 문화원 중심, 그리고 문화 중심의 공공외교는 어려움을 겪습니다. 한국의 경우 1983년 대구 미국문화원 폭발 사건 이후

보안이 심각한 문제로 떠올랐습니다. 경찰이 상주하고 보안이 강화되면서 문화원 이용객과 방문객 수가 줄어들기 시작했습니다. 반미 감정의 증가와 같은 변화도 문화원 중심의 공공외교에 타격을 줍니다. 이와 함께 문화원의 도서관 유지 비용이 계속 증가하면서 문화원 운영에 부담을 주게 됩니다. 미국의 주요 신문과 잡지 등은 자신들의 기사를 USIS 출판물에 전제하는 것을 거부하기 시작했습니다. 이것은 USIS 출판물에 실림으로써 정부의 프로파간다 목적의 기사로 낙인찍히는 데 거부감을 갖고 있었기 때문입니다.

이러한 도전들보다 더 심각한 것은 냉전이 끝난 뒤에 생겨난 예산 및 인력 축소입니다. 1990년대 내내 공공외교 관련 예산 및 인력이 감축되었습니다. 거의 모든 USIA 발간물들은 1993년쯤 모두 중단되었고 문화원들도 문을 닫기 시작했습니다. 문화원 대부분은 다른 미국 기관 내 '미국 관련 서적 코너'로 축소되었습니다. 도서관의 소장 자료들은 소재지 공공도서관이나 대학도서관에 기부되었습니다. 한국의 경우는 서울에 소재한 문화원만이 제대로 된 모습으로 유지되었습니다. 다른 문화원들은 훨씬 제한적인 기능만 수행하는 자료정보센터(Information Resource Center)로 대체되었습니다.

1993년 '정부업무수행성과법(Government Performance and Result Act, GPRA)'의 통과 이후 미국 공공외교는 또 한 번 중대한 변화를 겪습니다. 이 법안에 따라 해외의 미국 공관들은 양자 관계의 목표들을 담은 연간 전략계획을 세우게 됩니다. 이에 따라 공관에서 공공외교 담당자들의 업무 방향 또한 바뀝니다. 한때 공보국(Public Affairs Section)에서는 국제 방문 프로그램의 대상으로 예술가, 시인, 영화감독, 문학 관련 교수들을 선정했지만, 점차 경제학자, 공무원들, 환경운동가, 공공정책 관런 교수들이 그 자리를 차지하게 됩니다. 그리고 1999년 USIA는 결국 문을 닫았고, 그 기능은 국무부로 흡수되었습니다.

사실 오늘 제가 이야기한 큰 줄기는 미국의 공공외교 정책 변화가 공공외교 현장에 미친 영향이지만, 한국을 비롯해 많은 나라에서 생긴 변화가 예전 방식의 미국 공공외교에 변화의 바람을 불어넣은 것도 사실입니다. 한국과 같은 나라들이 민주화되고 엘리트들도 다양한 배경을 가지게 되면서 미국문화원이 현지 엘리트들에게 중요한 영향을 미치던 시절도 지나갔습니다. 한국의 언론 또한 더 이상 미국대사관으로부터 미국에 대한 뉴스를 브리핑받지 않아도 될 만큼 독자적인 정보 소스를 갖게 되었습니다. 한때 한국에서는 대학마다 AFKN(주한미군방송) 클럽이 있었습니다. 이 방송을 보고 국제 뉴스들을 정리해 돌려보는 것이 일반화되었습니다. 정부의 검열을 받지 않은 국제 뉴스를 접할 곳이 AFKN밖에 없었기 때문입니다. 이러한 상황도 완전히 바뀌었습니다.

USIA가 국무부로 흡수되면서 미국의 공공외교는 일반 외교와 더욱 가까워집니다. 특히 2001년 9·11 테러로 인해 그러한 공공외교의 성격이 강화되었습니다. 공공외교에 대한 관심이 커진 것은 사실이지만, 미국의 공공외교는 특정한 방향으로 강화됩니다. 그것은 '워싱턴 중심의 공공외교'라 불리는 중앙집중화 된 공공외교 정책입니다. 이는 양자 관계보다는 전 세계적 사안에 중점을 두는 공공외교 정책이었습니다. 오바마 정부 들어 정부의 모든 정보 통로가 통합되어 정부가 추가하는 어젠다를 지원하기 위해 활용되는 체계를 갖추었습니다. 이제 미국의 공공외교는 미국의 대외정책을 직접적으로 지원하는 성격으로 변해가고 있습니다. 이른바 이슈 중심의 공공외교가 새로운 과제로 부상했고, 해외

공관에서 공공외교 담당자들은 전통적인 공공외교 프로그램 이외에도 새로운 과제를 수행해야 합니다. 문제는 새로운 공공외교 프로그램을 수행하기 위한 예산이나 담당자들에 대한 훈련이 이루어지지 못하고 있다는 점입니다.

도널드 비숍(Donald Bishop)이 말한 미국 공공외교가 대외정책을 직접적으로 지원하는 성격으로 변화하는 과정은 이 책의 제9장 '강대국의 공공외교: 미국 공공외교의 사례'를 읽어보시면 더 실감할 수 있을 것입니다.

7. 공공외교 3.0: 지구적 공공재를 위한 공공외교?

공공외교는 기본적으로 국가 외교 행위의 한 종류입니다. 그 수단과 방법이 어찌 되었건 궁극적인 목표는 국가이익입니다. 공공외교에서는 직접적인 국가이익의 추구보다는 이미지 개선, 대외적 호감도 개선, 정책에 대한 홍보 및 이해 제고 등이 목표가 됩니다. 공공외교 2.0에서는 이러한 활동이 상대국 대중과의 활발한 소통을 통해 쌍방향적 성격을 띠며 전개됩니다. 일방적으로 원하는 메시지를 전달하는 것이 아니라 소통과 교류를 통해 상호 간의 이해의 폭을 넓히고 친밀도를 높이는 것이지요.

이러한 국가이익 중심의 공공외교의 한계를 넘어 지구촌 혹은 국제사회 공공의 이익을 위한 공공외교가 필요하다는 인식이 생겨나기 시작했습니다. 우리가 사는 이 세상은 국가를 기본 단위로 하는 베스트팔렌

체제의 모습을 띠고 있지만, 이는 1648년 베스트팔렌 조약 이후 만들어진 것일 뿐입니다. 국제사회의 상당히 많은 문제는 국가 사이에 발생하는 문제이기는 하지만, 국경을 초월하거나 국가 간의 문제가 아닌 경우도 많습니다. 특히 지구온난화 등은 국가 중심 사고로는 해결될 수 없는 문제들이지요. 지구온난화는 지구촌 사람들 모두의 문제이고, 그 문제를 해결하기 위한 노력도 국경을 초월해 전 지구적으로 이루어져야 하는 것이지요. 그런데 이러한 초국가적 성격의 문제가 점점 더 많아지고 있습니다. 자원, 물, 인권, 에너지, 난민, 전염병 등 다양한 문제가 점점 더 지구적 성격을 갖게 됩니다. 한두 나라만의 노력으로는 해결될 수 없는 문제로 자리 잡고 있습니다. 범지구적 노력이 필요해진 것이죠.

이러한 범지구적 노력을 증진하기 위해서는 지구촌 사람들의 의식 변화가 필요합니다. 내가 사는 나라의 독점적 이익을 위해서 행동하는 것이 아니라 지구촌의 생존과 건강을 위해 행동해야 할 필요가 있다는 것을 깨닫고 그런 것을 실천하는 것이지요. 생산비를 낮추기 위해 대기를 오염시키고 폐수를 마구 버리는 이기적 행동이 결국 장기적으로는 지구촌을 병들게 하고 자기 자신에게까지 그 피해가 돌아온다는 것을 깨달아야 합니다. 이미 지구촌 차원에서 활동하는 NGO와 시민 사회단체들은 지구시민사회를 형성하고 있습니다. 이러한 지구시민사회는 특정 국가 차원에서 문제를 인식하고 해결책을 찾기보다는 지구촌의 공통 문제에 관심을 기울여 공공의 이익을 중요시하는 등 지구촌 차원에서의 활동을 통해 문제를 해결하려는 경향이 강합니다. 지구적 문제의 등장과 지구시민사회가 강화되는 상황에서 자국의 독점적 이익만을 강조하는 공공외교는 한계가 있습니다. 공공외교가 외교적으로 이해관계에 있는 다른 국가의 국민만을 대상으로 하는 것이 아니라, 국가성을 넘어 존재하는 지구시민사회를 대상으로 해야 할 필요가 생겨난 것입니다. 베르트랑 배디(Bertrand Badie)가 말한 것처럼 이제 국가들은 약하건 강하건 관계없이 '국제적인 공적 영역'의 눈치를 보지 않을 수 없게 된 것입니다. 이와 같은 새로운 외교 환경에서 공공외교는 더 보편적인 목표를 세워야 하고 지구적인 호응을 얻을 수 있는 목표에 관심을 기울여야 합니다.

이와 같은 형태의 공공외교를 저는 공공외교 3.0으로 부릅니다. 개별 국가의 국익을 목표로 하는 공공외교 2.0 버전과 달리 공공외교 3.0 버전은 지구적 공공선의 증진이라는 목표를 추가로 가지며, 이러한 목표에 따라 그 대상은 특정 상대국이 아닌 지구촌 전체(혹은 지구시민사회)를 대상으로 합니다. 또 다른 표현으로는 '글로벌 공공재 지향 공공외교'라고 합니다. 지구적 공공재 창출을 위한 공공외교는 특정 국가의 국가이익을 넘어 글로벌 현안 문제들을 해결하는 데에 초점을 맞춤으로써 공유이익을 추가하는 특성을 띕니다. 이 같은 경향은 한편으로 외교 변화 중에서 '외교의 탈영토화'라는 흐름의 일부로 생각할 수도 있습니다. 글로벌화와 함께 국경을 초월하는 다양한 문제들이 생겨나면서 외교의 범위역시 국경이라는 경계를 넘어서는 현상이 일어나고 있는 것입니다. 공공외교의 측면에서도 특정 국가의 국민이 아닌 지구촌 시민들을 대상으로 한 공공외교가 등장하고 있습니다.

8. 한국의 공공외교는 어디쯤 와 있을까?

지금까지 미국 공공외교의 진화를 살펴보았습니다. 그렇다면 한국의 공공외교는 어디쯤 와 있을까요? 제4부 한국의 공공외교 역사에서 자세히 다루겠지만, 한국의 공공외교 역사는 매우 짧습니다. 외교부에서 공공외교라는 용어를 사용한 것도 사실 10년 정도밖에 되지 않습니다. 공공외교 예산이 생긴 것도 2013년도쯤이니 그 역사는 매우 짧다고 할 수 있습니다. 2010년 외교부에서 공공외교를 정무, 경제와 함께 한국 외교의 3대 축으로 선언한 후, 공공외교 예산과 조직을 보강하고 많은 노력을 기울여왔습니다. 이처럼 초보적 상태인 한국의 공공외교는 국가 홍보에 집중하는 공공외교 2.0에 가깝다고 볼 수 있을 것입니다. 적어도 일방적 선전 형태의 공공외교(저는 이를 공공외교 1.0이라고 부르지만, 이 단계를 아예 공공외교로 보지 않는 학자들도 많은 것 같습니다)는 벗어나는 중이고, 다양한 수단(문화, 지식, 대중문화, 국제적 기여 등)과 매개체(소셜미디어) 등이 활용된 상호 소통을 통한 한국 알리기가 현재 한국 공공외교의 핵심이기 때문입니다.

그렇다면 한국의 공공외교에서 공공외교 3.0의 요소는 어느 정도 될까요? 현재 한국의 공공외교도 저개발국의 개발 문제, 분쟁 해결과 평화 유지를 위한 평화유지활동에 대한 기여 등을 포함해 전개되고 있습니다. 다만 이러한 활동이 공공외교 차원에서 외교 부서의 체계적 계획과 관련 부처와의 협력을 통해 이루어지고 있는 것 같지는 않습니다. 어떻게 보면 이미 한국의 공공외교는 2.0적 요소와 3.0적 요소가 섞여 있는 상태라고 볼 수 있습니다. 다만 아직도 외교부의 공공외교 예산 중 상당 부분이 공공외교 2.0적 사업에 사용되고 있는 것은 사실입니다.

여기서 우리는 한 가지 질문을 할 필요가 있을 것 같습니다. 한국의 향후 공공외교 방향이 3.0 쪽으로 옮겨 가야 하는가입니다. 3.0적 공공외교는 우월하고 2.0적 공공외교는 극복되어야 하는 것인가요? 제 생각으로는 그렇지는 않습니다. 우리가 외교의 궁극적 목적을 생각해 볼 때 공공외교 역시 한국에 대한 세계인의 인식을 개선하고 올바르게 인식하도록 함으로써, 우리의 정책에 지지를 보낼 수 있도록 만드는 활동이 되어야 합니다. 3.0적 활동이 필요한 이유도 이러한 활동을 통해 국제사회에 대한 한국의 기여를 높여 한국이 세계인들의 존경과 인정을 받고, 좋은 이미지를 갖게 하기 위함입니다. 모든 국가는 자국이 처한 상황과 특성에 따라 나름의 공공외교 전략을 만듭니다. 중국은 중국위협론이 본격화되면서 중국에 대한 다른 나라들의 경계와 두려움에 대처하기 위해 중국의 문화적 자원, 중국어, 유교 등을 해외에 소개하는 공자학원을 시작했습니다. 미국과 같은 세계의 리더 국가는 다른 나라들의 지지를 계속 받기 위해 자국이 추구하는 자유와 민주주의, 자유무역과 같은 가치를 세계에 전파하는 공공외교 프로그램 등을 강화합니다. 그렇다면 한국 공공외교의 가장 중요한 목적은 무엇일까요?

한국 외교의 가장 큰 과제는 대한민국의 생존과 번영, 한반도에서 평화를 확보하는 것입니다. 그러기 위해 우리를 지지하는 더 많은 친구들을 만들어야 합니다. 공공외교 역시 한국의 국익에 집중할 수밖에 없습니다. 공공외교는 좀 더 긴 호흡을 가지고 상대 국민들의 마음을 얻는 활동을 하는 것이지만, 최근에는 우리의 대외정책에 대한 지지를 확보하는 정책공공외교의 역할이 더욱 커지고 있습니다. 지구촌의 문제해결을 위해 우리의 자원과 노력을 기울이는 형태의 3.0적 공공외교가 공공외교의 중심이 되기는 아직 어려워 보입니다. 한국은 여전히 더 많은 홍보가 필요하며, 우리가 처한 안보 상황, 대외정책에 대한 지지를 확보하는 게 더 중요한 나라입니다. 캐나다가 3.0적 공공외교를 강조할 수 있는 근본적인 이유는, 캐나다는 외적의 위협이 없이 북미 대륙에 고립되어 존재하기 때문입니다. 캐나다는 자신의 존재 이유를 좀 더 나은 지구촌을 위한 기여에서 찾을 수 있는 중견국으로서 3.0적 공공외교에 좀 더 많은 자원을 투입하고 있는 것입니다. 이처럼 각국이 처한 상황에 따라 나라마다 공공외교 2.0과 3.0을 혼합하는 황금 비율은 다르다고 생각합니다.

제3장

공공외교의 수단

소프트파워의 중요성

1. 공공외교를 위한 자산: 소프트파워 + α

공공외교와 전통적 외교의 근본적인 차이는 그 대상에 있습니다. 공공외교가 상대국 정부가 아닌 상대국 대중을 대상으로 한다는 것이지요. 이와 같은 근본적인 차이는 공공외교의 다른 속성들에도 영향을 미칩니다. 대상이 달라지면 외교에 사용하는 수단 역시 달라져야 합니다. 외교정책론을 다룬 교과서를 보면 국가가 보유한 외교적 자산들에 대한 내용이 있습니다. 기본적으로 한 국가의 국력은 외교력의 근본이 됩니다. 강대국은 기본적으로 외교를 수행할 강력하고 다양한 능력이 있습니다. 국력 중에서 군사력, 경제력과 같은 물리적 능력들이 외교력에 중요한 자산이 됩니다. 외교에서 군사력을 직접 사용하지는 않지만 군사적 시위, 예를 들면 19세기 말 미국의 '검은 배(black ship)'가 외교 관계를 열기 위해 군사적 시위를 한다든지, 항공모함을 상대국 주변으로 이동시킨다든지 등을 통해 그 목적을 달성하는 경우는 흔합니다. 또한 군사적으로 지원함으로써 상대국으로부터 얻고자 하는 것을 얻어내기도 합니다. 경제적 능력 역시 외교에서 매우 중요한 수단입니다. 경제적 지원과 보상,

반대로 경제제재와 같은 수단들 또한 외교적 목적을 달성하기 위해 자주 사용됩니다. 상대국 정부에 대한 군사적·경제적 압박과 지원은 매우 효과적으로 작용합니다. 하지만 공공외교에서는 이러한 수단들이 그다지 효과적이지 않을 수 있습니다. 상대국 대중을 목표로 하는 외교에서 군사적 압박이나 지원이 효과가 있을 수 있을까요? 여러 연구에 따르면 경제제재는 일반 대중에게 영향을 미치기는 하지만, 외교적 목적을 달성하기보다는 오히려 대중의 분노와 증오를 촉발해 역효과를 내는 경우가 더 많습니다. 이라크에 대한 미국의 제재가 이라크 대중을 미국의 바람대로 움직이게 했다고 보기는 어렵습니다. 오히려 미국에 대한 뿌리 깊은 반미감정만을 심어주었을 것입니다.

외교 대상이 상대국의 대중이면 그들에게 잘 전달되고 효과를 낼 수 있는 새로운 수단이 필요합니다. 아주 단순화해서 이야기하면 군사력, 경제력과 같은 하드파워(hard power)보다는 무언가 다른 능력이 필요하다는 겁니다. 공공외교 연구에서 소프트파워(soft power)에 대한 논의가 반드시 등장하는 이유가 여기에 있습니다. 상대가 외국 대중인 공공외교에서는 조지프 나이(Joseph Nye)가 소프트파워로 명명한 연성 권력이 더욱 효과적이고 중요하게 인식되기 때문입니다. 조지프 나이는 소프트파워에 대해 "자신이 바라는 것을 상대방이 바라도록 만드는 매력"이라고 말합니다. 나이는 타인의 행동에 영향을 미치는 방법이 세 가지가 있는데, 첫째가 강압의 위협(채찍), 둘째가 유인과 보상(당근), 셋째가 자신이 바라는 것을 상대방이 바라도록 만드는 매력이라고 합니다. 여기서 마지막 방법이 소프트파워에 해당합니다. 나이에 따르면 "소프트파워가 강한 국가는 다른 국가들이 그 국가가 추구하는 가치를 동경하며 그 국가의 모범을 따라 하고 싶어 하고, 그 국가의 번영과 개방성을 부러워하며 따르기 때문에 아무런 강압 없이도 원하는 결과를 얻을 수 있다"라고 합니다(Nye, 2004). 이렇듯 강압 없이 상대국 스스로 아국을 따르게 하고 상대국이 원하는 것에 영향을 미칠 수 있으려면 해당 국가는 매력 있는 개성과 문화, 정치적 가치와 제도(예를 들어 민주주의), 그리고 정당하거나 정의롭거나 또는 도덕적 권위를 지닌 것처럼 보이는 정책 등의 무형적 자산을 강화해야 합니다. 나이는 "공공외교는 정부가 단순히 타국 정부만이 아니라, 타국의 대중과 대화하고 그들을 매료하기 위해 이러한 자원들을 동원하려 사용하는 수단"이라고 봅니다(Nye, 2019). 여기서 핵심은 매료할 수 있어야 한다는 것인데, 아무리 어떤 나라가 문화, 가치, 정책들을 방송이나 영화, 라디오 등으로 열성적이게 전달한다 해도, 그 내용이 매력적이지 않으면 어떤 긍정적인 결과도 거둘 수 없기 때문입니다. 그래서 나이는 폭력적인 할리우드 영화나 오만해 보이는 VOA 선전방송(미국의 정책들을 찬양하는 등)은 단지 프로파간다일 뿐이며 미국의 소프트파워를 만들어내지 못한다고 강조합니다.

나이는 소프트파워의 원천으로 네 가지를 제시했습니다. 첫째는 외교정책입니다. 한 나라의 외교정책이 보편적 공공선을 추구하고 정당성이 있을 때 다른 나라의 정부와 대중은 그러한 것을 존경하고 매력으로 느낄 수 있습니다. 그래서 미국을 포함한 거의 모든 나라의 지도자들은 그러한 외교정책 구상들을 제시하고자 합니다. 예를 들어 버락 오바마(Barack Obama) 대통령의 '핵 없는 세상'이라는 외교정책 지향점은 미국의 이미지를 긍정적으로 만드는 데에 도움이 되었다고 생각합니다. 둘째, 해당 국가가 추구하는 가치와 정책입니다. 인권을 무시하는 폭압적인 정권이 매력적일 수는 없습니다. 반대로 인권이 보장되고 민주적 절차나 가치를 지키는 나라, 그러한 가치들이 정책을 통해 실제로 실현되는 나라는 매력적인 나라가 될 수 있습니다. 자국의 소프트파워를 강화하려 노력하는 많은 나라들이 이 부분에서 가장 어려움을 겪는다고 생각합니다. 정당하고 존경받을 만한 가치가 하루아침에 중요시되고 실천될 수는 없기 때문입니다. 세 번째는 상위문화입니다. 상위문화란 학문·지식·교육 측면에서 그 나라가 가지는 무형적 자산을 의미한다고 생각합니다. 훌륭한 교육제도와 교육기관을 갖춘 나라, 인류를 이롭게 하는 많은 지식을 생산하는 나라, 지구촌 문제들을 다룰 수 있는 전문가들과 그들이 공통의 목표를 이루기 위해 협력해서 일할 수 있는 문화와 인프라가 있는 나라, 또 그러한 논의와 공동 연구들을 지원하는 문화가 존재하는 나라라면 전 세계 지식인들과 지도층들에게 매우 매력적일 것입니다. 마지막으로 대중문화입니다. 매력 있는 대중문화 콘텐츠를 만들고 전파할 능력이 있는 나라가 해외 대중에게 크게 어필할 수 있습니다. 대중문화가 대중을 넘어 정부 차원까지 영향력을 미칠 수 있는지는 의문이 들지만, 그 매력이 상대국 대중에게 해당 나라에 대한 호감을 높여주는 것은 분명합니다. 대중문화는 특히 국제적으로 인지도가 부족하거나 부정적 이미지가 강했던 나라에 매우 유용한 소프트파워 자원이 될 수 있습니다.

공공외교에서 소프트파워의 중요성은 쉽게 이해할 수 있습니다. 그렇다면 하드파워는 공공외교에 도움이 되지 않는 건가요? 그렇지는 않습니다. 이 문제는 세 가지 차원에서 다루어볼 수 있을 것 같습니다. 첫째, 하드파워 자체가 국가의 매력이 될 수 있습니다. 국가의 부, 국가가 보유한 세계적인 기업과 첨단기술력 등의 하드파워는 다른 나라에는 부러움과 동경의 대상이 됩니다. 삼성이 전 세계적으로 우리나라의 이미지를 긍정적으로 바꾸고 한국에 대한 호감을 강화한다는 데에 이견을 달기 어렵습니다. 한국 IT 산업의 발전 수준도 다른 나라들이 경이롭게 생각하는 부분입니다. 하드파워가 상대국 대중에게 직접적으로 제공되지 않는다 하더라도 국가의 부강한 이미지, 높은 기술력 등은 대중의 국가에 대한 인상에 매우 강한 영향력을 끼칩니다. 둘째, 소프트파워를 만들기 위해서는 물질적 능력이 필요하다는 것입니다. 경제적으로 열악한 나라가 소프트파워를 갖기는 힘듭니다. 문화, 지식, 정책 등은 일정한 경제적 기반이 있을 때에만 발전할 수 있습니다. 경제력이 뒷받침되지 않는 정책도 존재하기 어렵습니다. 정책을 추진할 능력의 핵심은 경제 지원이기 때문입니다. 기본적으로 문화 강국은 모두 부유한 국가입니다. 지식 강국 역시 부유한 선진국들이구요. 하드파워는 그 자체로도 중요한 외교적 자산이지만 물적 자원을 제공함으로써 소프트파워 강화에 도움을 줄 수 있습니다. 반대로 소프트파워가 하드파워를 강화하는 데에 도움을 주기는 어렵습니다. 따라서 소프트파워를 통한 성공적인 공공외교는 경제적 자원이 풍부하고 부유한 국가에 더 유리한 것이 사실입니다. 마지막으로 하드파워적 자산을 소프트파워적으로 사용하는 경우입니다. 군사력을 평화유지활동과 같은 방식으로 사용하는 것은 일반적인 군사력의 용처와 달리 공공외교에 도움이 될 수 있습니다.

나이는 하드파워와 소프트파워를 대체 관계가 아닌 보완 관계로 보았습니다. 2008년에 발행된 『조지프 나이의 리더십 에센셜(The Power to Lead)』에서는 소프트파워의 자율성을 강조하면서도 하드파워의 중요성도 무시하지 않고 있습니다. 그는 스마트파워 개념을 통해 소프트파워와 하드파워의 현명한 조합이 중요하다고 강조합니다. 나이가 말하는 스마트파워는 하드파워와 소프트파워를 잘 조합하여 성공적인 전략을 도출하는 힘입니다. 하드파워 자원을 일정 수준 보유한 상황에서 소프트파워를 성공적으로 행사할 때 소프트파워는 강화됩니다. 이런 환경이 조성되어야 하드파워가 가장 효율적으로 행사될 수 있다고 생각합니다. 하지만 나이는 스마트파워가 단순히 하드파워와 소프트파워의 결합으로 보지는 않습니다. 나이가 생각하는 진정한 스마트파워는 하드파워 자원과 소프트파워 자원을 활용해 상대방을 압박하여 움직이게 하는 능력과 상대방의 마음을 움직여 이득을 취하는 능력을 적절히 조합하여 상황에 맞는 처방을 내놓을 수 있는 힘을 말합니다.

2. 한국의 소프트파워 자산

한국은 세계 10위권의 경제 강국이고, 군사력 또한 10위권에 드는 것 [2020년 세계군사력순위(Global Firepower)를 보면 138개국 중 6위]으로 평가받고 있습니다. 결코 한국의 하드파워가 약하다고 말하기 어렵습니다. 그렇다면 소프트파워는 어떨까요? 사실 하드파워보다는 소프트파워가 훨씬 뒤처져 있습니다. 그럼에도 한국은 공공외교에 도움이 될 만한 많은 소프트파워 자산이 있습니다. 몇 가지를 소개해 보겠습니다(유현석, 2009).

① 성공적인 경제발전 경험
전쟁의 폐허와 가난에서 벗어나 세계 10위권의 경제대국으로 빠르게 성장한 한국의 경험에 전 세계가 놀라고 있습니다. 개도국은 말할 것도 없고 선진국들도 한국의 경제성장에 주목하며 그 성공 요인에 관심을 보이고 있습니다. 한국인의 우수성, 근면 성실한 이미지 등이 한국에 대한 세계인의 인식을 긍정적으로 변화시켰습니다. 한국의 성공적인 경제발전과 그 경험은 하나의 지식자원으로 작용하기도 합니다. 성공적인 산업화, 노동집약적 산업에서 첨단산업 중심으로 변화한 산업구조의 발전을 뒷받침한 과학기술 수준 등은 다른 나라에 매력적으로 인식되어, 한국을 알고 싶고 배우고 싶고 친구가 되고 싶은 나라로 만듭니다.

② 민주화의 경험과 발전된 민주주의

한국은 군부 쿠데타와 권위주의 정치체제를 경험했지만, 거기에 머무르지 않고 성공적인 민주화와 민주주의의 공고화를 이룩했다는 이미지가 있습니다. 한국은 평화적인 방법으로 민주화를 이루어냈으며, 국민들의 의사에 따라 정치체제를 선택할 수 있는 제도적 민주화가 확립된 나라입니다. 이러한 정치적 민주화 경험과 민주주의는 국가의 매력과 호감도에 매우 큰 영향을 미칩니다.

③ 정보화 수준

한국의 정보화는 이미 세계적인 수준에 올라 있습니다. 흔히 인터넷 속도로 대변되는 높은 수준의 인터넷 연결성과 디지털 생태계 발전 등은 한국의 이미지를 첨단산업 국가로 만들어줍니다. 20세기에 한국이 자동차를 수출하는 차원에서 긍정적 이미지가 형성되었다면, 21세기에는 로봇산업, 인공지능, 빅데이터 등 첨단산업을 선도한다는 이미지를 통해 호감도를 높이고 있습니다. 많은 저개발국과 개발도상국 젊은이들이 한국에 와서 IT 관련 기술을 배우고 싶어 합니다. 많은 나라들이 전자정부, IT 기반 교통 시스템 등을 배우기 위해 한국과의 협력사업을 희망합니다.

④ 문화적 매력: 한류

공공외교에서 문화자원의 역할은 매우 큽니다. 오늘날 프랑스가 누리는 국제적 위상과 호감은 상당 부분 프랑스가 보유한 문화자원 덕분입니다. 대중문화 측면에서 한국은 매우 매력적인 문화자원이 있습니다. 〈대장금〉, 〈겨울연가〉와 같은 드라마에서 시작된 한국 대중문화에 대한 관심은 싸이(Psy)의 「강남스타일」과 아이돌들의 활약에 힘입어 대중가요 쪽으로 확산되었고, 마침내 BTS가 미국을 비롯한 전 세계에서 성공을 거두면서 한국 대중문화와 관련된 강력한 팬덤이 세계적으로 형성되었습니다. 2020년 봉준호 감독의 〈기생충〉이 아카데미상 시상식에서 작품상, 감독상을 포함해 4관왕에 오르며 이제 영화까지 한류 붐의 핵심이 되었습니다.

이 밖에 한국의 뷰티산업도 한국을 상징하는 매력적인 자원으로 자리 잡았고, 한국 음식에 대한 관심과 인기 역시 지구적 현상이 되었습니다. 과거 프랑스나 이탈리아와 같은 문화 강국이 누리던 관심과 애정을 지금 한국이 받고 있습니다. 물론 "BTS에 대한 열광이 과연 한국에 대한 열광이냐?"라고 질문할 수 있겠지만, 한국의 이미지에 긍정적으로 작용할 것임을 부정하기는 어렵습니다. 그런데 한류와 같은 문화적 현상은 단순히 거기서 멈추는 것이 아닙니다. 한국의 문화콘텐츠를 소비하기 위해 한국어를 배우려는 사람의 수가 늘어나고 있습니다. 미국 대학에서 한국어는 중국어나 일본어와 비교해 가장 빠르게 수강생이 늘고 있는 언어입니다. 많은 대학에서 이미 일본어 수강생을 넘어섰고, 중국어 붐이 사라지며 가장 인기 있는 아시아 언어로 부상하고 있습니다. 한국어에 대한 관심은 문학작품이나 학문적 콘텐츠를 비롯해 한국 전반에 대한 관심으로 확산되고 있습니다.

⑤ 한국의 일류 기업들

우리는 애플의 아이폰에 담긴 상품 이상의 의미를 잘 알고 있습니다. 적어도 휴대전화 시장에서는 한국도 아이폰에 필적하는 세계 초일류 제품을 가지고 있습니다. 삼성의 휴대전화와 첨단 TV들은 세계시장을 휩쓸면서 한국에 대한 이미지와 호감을 높이는 중입니다. 세계시장에서 한국 자동차의 인지도가 점차 높아지면서 한국 자동차산업 수준에 대한 세계인들의 인식도 크게 변화했습니다. 이 밖에 동남아시아에서 높은 인기를 끌고 있는 네이버 라인과 같은 서비스도 인터넷 관련 분야에서 한국의 이미지를 드높이는 데 기여하고 있습니다.

제2부

공공외교의 영역과 사례

공공외교는 상대국의 대중을 대상으로 합니다. 이에 따라 일반 대중의 감성이나 이성에 호소함으로써 우리의 매력을 이끌어낼 수 있는 여러 수단이 사용됩니다. 그래서 공공외교 영역은 매우 다양합니다. 전통적으로 공공외교의 주 영역이었던 문화를 활용한 공공외교에서부터 스포츠를 통한 공공외교, 세계평화에 대한 군사적 기여로 이루어지는 군사공공외교, 자국의 정책을 홍보하고 지지를 획득하고자 하는 정책공공외교까지 공공외교의 영역은 확장성이 매우 큽니다. 2부에서는 주요 공공외교의 영역을 알아보고 각자의 특성과 사례에 대해서 이야기해 보겠습니다.

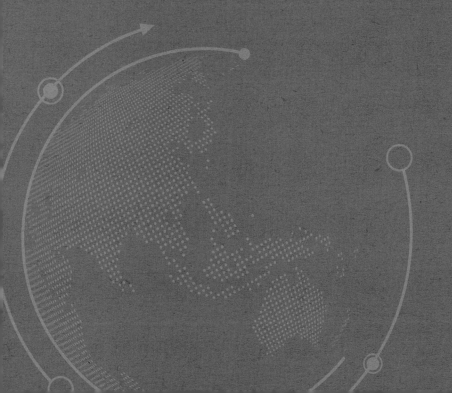

제4장

문화공공외교

1. 문화와 공공외교

문화는 오래전부터 외교의 한 수단으로서 자리 잡아 왔습니다. 문화는 일반적으로 비경쟁적인 영역이며, 군사·안보 분야와 달리 사활적 국가이익에 영향을 미치지 않습니다. 따라서 문화는 국가 간에 우호 관계를 형성하는 데에 매우 유용하고 효과적인 수단이라는 인식이 존재했습니다. 이러한 이유로 많이 국가들이 문화를 외교 영역에서 활용해 왔습니다. 프랑스는 나폴레옹 전쟁 당시 점령한 곳마다 프랑스 문화를 전파해 침략자의 이미지와 점령자의 이미지를 희석하는 수단으로 사용했습니다. 공공외교라는 개념이 생소한 때에도 문화외교라는 용어는 존재했고, 꽤 폭넓게 사용되었습니다. 일반적으로 문화외교는 정부나 정부의 위탁을 받은 행위자가 자국 문화를 해외에 소개함으로써 나라의 인지도와 호감도를 높이는 활동입니다.

최근에 문화외교는 공공외교의 중요한 영역으로 인식되고 있습니다. 공공외교도 전통적 외교와 마찬가지로 국가의 이익 추구라는 점에서 차이가 없습니다. 그 수단이 무엇이든 간에 외교라는 것이 기본적으로 정부가 주된 행위자라는 점을 유념할 때, 이러한 문화공공외교는 우호 관계 강화를 위한 민간 사이의 문화교류와 구분해야 합니다. 우리는 양국 국민들 사이에서 벌어지는 일에 너무 쉽게 '외교'라는 용어를 사용하는 경향이 있습니다. 문화인들이 순수하게 다른 나라의 문화인을 상호 방문하고 자국의 문화를 소개하는 것은 문화외교보다는 문화교류라고 해야 옳습니다.

문화외교는 어떤 직접적 외교 목표를 달성하는 데에 도움이 되지는 않습니다. BTS가 한미 간의 중요한 현안을 해결하는 데 기여할 수 없다고 보는 것이 합리적이라는 의미입니다. 하지만 그 전 단계들, 다시 말해 우리나라에 대해 알고 관심을 갖게 만드는 단계에서는 분명히 도움이 될 것입니다. 그래서 국가에 대한 호감도나 인식이 개선된다면, 장기적으로 우리의 외교 목표를 추구하는 데에 긍정적 기반을 마련할 수는 있을 것입니다. 문화외교는 문화를 수단으로 사용하게 되는데, 문화적 자원은 그 수용자가 결국 외국의 대중이기 때문에 그 자체로 공공외교의 성격을 띠며, 현재 소프트파워 자원의 활용도와 중요성이 증가하고 있다는 점을 감안하면 그 중요성이 더 크다고 생각합니다. 우리가 여기서 관심을 가져야 할 점은 문화를 매개로 한 공공외교가 상호이해와 양방향형으로 이루어질 때 애초의 목적을 달성할 수 있다는 것입니다. 물질적 기반이 풍요로운 국가가 상대방 문화에 대한 이해나 고려 없이 일방적으로 문화를 활용해 상대국 대중에게 다가가는 것은 오히려 이질감과 저항을 초래할 수 있습니다. 프랑스가 아프리카 국가를 대상으로 했던 프랑스어 보급과 문화교류는 그러한 반작용을 초래했습니다.

문화외교가 공공외교에서 차지하는 비중은 나라마다 모두 다릅니다. 프랑스와 같이 문화적 전통과 자산이 풍부한 나라는 문화외교의 중요성과 비중이 매우 큽니다. 프랑스는 프랑스대사관 이외에도 프랑스 어학원인 알리앙스 프랑세즈(Alliance Francaise)와, 다양한 형태의 문화원 들을 통합하여 2010년에 출범한 프랑스 문화진흥원(Institute Francaise)이 자국 문화 전파에 중요한 역할을 합니다. 이와 대조적으로 미국은 문화 외교를 그리 강조하지 않는 나라로 알려져 있습니다. 물론 미국도 미국 문화원을 통해 미국의 문학, 예술 등 문화를 홍보하는 일을 하고 있지만, 그 예산이나 규모, 활동에서 주재국 국민들이 깊은 인상을 받을 만한 수 준은 아닌 것 같습니다. 이러한 특징은 할리우드 영화나 팝송처럼 민간 부분에서 생산되는 대중문화가 문화외교를 훌륭히 수행하고 있다는 인 식에서 비롯되었다고 보는 전문가도 있습니다. 이렇듯 각국의 특성에 따라 공공외교에서 문화외교가 차지하는 비중이 달라지기는 하지만 문 화공공외교는 공공외교의 가장 기본적인 메뉴이므로, 대부분의 나라가 자국에 대한 인식이나 호감도 증진을 위해 문화적 자산을 활용해 시행하 고 있습니다. 몇 가지 사례를 살펴보겠습니다.

2. 문화공공외교의 사례

1) 일본의 문화공공외교[1)]

일본의 공공외교도 그 시작은 국가 선전·홍보였습니다. 그리고 초기 부터 문화교류를 공공외교의 중요한 메뉴로 상정했습니다. 일본은 제1

---

1) 이 부분은 오가와 다다시(Ogawa Tadashi)의 「일본 공공외교의 기원과 발전(Origin and Development of Japan's Public Diplomacy)」을 정리·보완했습니다.

차 세계대전 이후 선전 활동의 중요성을 본격적으로 인식합니다. 전승국인 미국을 비롯한 서구 강대국들이 전쟁의 목적을 적극 선전하고 전후 질서를 홍보하고 정당화하기 위해 노력하는 모습에서 작극을 받은 겁니다. 그 후 중국과 문화교류를 시작하면서 외무성 내에 문화과(Department of Cultural Affairs)가 생겨났고, 1934년 비서구 국가 최초로 근대적인 국제문화교류 기구를 창설했습니다. 국제문화진흥회(KBS)는 민간의 기부금과 정보 보조를 바탕으로 설립되었는데, 이곳의 문화교류 프로그램에는 문화 리더들 간의 교류, 문화 사절 파견, 일본에 관한 서적 출판 프로그램들이 포함되어 있었습니다. 문화교류 기관을 설립한 데는 일본이 1931년에 만주사변을 일으키고 국제연맹을 탈퇴하면서 외교적으로 고립된 상황을 개선하려는 목적이 있었습니다. 국제문화진흥회를 통해 손상된 일본의 국가이미지를 개선하고, 전 세계를 상대로 문화 채널을 가동하려 한 것입니다. 그 후 제2차 세계대전에서 일본이 패전하면서, 새로운 국가정체성을 만들어야 하는 과제가 생겼습니다. 일본의 군국주의 이미지를 씻어내고 국제사회의 신뢰를 회복해야만 했던 것입니다. 일본 총리 가타야마 데쓰(片山哲)는 한 정책 연설에서 국민적 자부심과 국제적 신뢰를 회복하기 위해 "문화국가 건설"을 주장했습니다. 1950년대에는 일본 정부가 재정적으로 어려웠기 때문에 대외 문화교류 활동이 제한되었지만, 1960~1970년대를 거치면서 일본은 고도 성장기에 접어들어 경제 강국으로 발돋움했고, 경제력에 걸맞게 일본 문화를 발전시켜야 한다는 인식이 커졌습니다. 이에 1968년에 문화청(The Agency for Cultural Affairs)이 창설되었고, 외무성에서는 1958년에 만든 문화국을 1964년 문화부로 개편하여 강화했습니다.

일본의 문화외교 강화는 1970년대 들어 본격적으로 이루어집니다.

일본의 급속한 경제성장과 성공은 일본에 대한 세계의 관심을 고조시켰지만, 경제적 성취에만 집착하는 일본인이라는 부정적인 이미지와 비판도 커져갔습니다. 이런 분위기 속에 일본 정부는 문화외교와 대외 홍보 활동을 통합해 담당하는 국제교류기금(Japan Foundation)을 1972년에 설립합니다. 이 기관은 훗날 일본 공공외교의 핵심 기관이 되어 일본 공공외교 정책이 나아가야 할 방향을 제시합니다. 이 시기에 국제교류기금을 설립한 것은, 1972년 미국이 일본과 아무 협의 없이 중국과의 관계 개선을 갑작스럽게 결정한 '닉슨 쇼크'와 깊이 관련됩니다.

일본은 미국의 이러한 행동이 일본에 대한 인식 부족과 일본 문화에 대한 오해, 특히 미국 정책 커뮤니티의 일본에 대한 인식 부족이 초래한 결과라고 생각합니다. 당시 외무장관 후쿠다 다케오(福田赳夫)는 미국과의 관계를 주 활동 목표로 한 대규모 국제문화교류 조직 설립을 위한 예비조사를 시작하라고 외무성에 지시합니다. 그리고 준비 작업을 거쳐 1972년 '국제교류기금법'이 국회에서 통과되면서 국제교류기금이 설립됩니다. 외무성의 감독을 받는 국제교류기금은 미국과의 교류에 우선순위를 두었습니다. 저명한 학자와 문화인들 간의 교류, 일본어 교육 증진과 해외에서의 일본학 연구 증진, 일본 문화 관련 전시, 콘서트, 일본 영화와 텔레비전 프로그램 홍보, 서적 출판 등에 관련된 다양한 프로그램이 시행했습니다. 시간이 지나면서 일본의 문화공공외교는 아시아로 확대됩니다. 특히 1974년 다나카 가쿠에이(田中角榮) 수상의 공식 방문 기간에 태국과 인도네시아에서 발생한 반일 시위는 일본을 깜짝 놀라게 합니다. 이후 일본 정부는 동남아시아에 대한 지원 프로그램을 강화했는데, 여기서는 문화와 교육이 중요한 부분을 차지합니다. 1975년 외무성은 동남아시아를 대상으로 문화원조 프로그램을 시작했고, 1978년 아세안(ASEAN: Association of South East Asian Nations) 국가들 간의 문화교류를 촉진할 목적으로 설립된 아세안문화기금(ACF: ASEAN Cultural Fund)에 50억 엔을 기부해 동남아시아에 대한 일본의 관심을 보여주었습니다.

1980년대 후반 일본 정부는 문화교류 프로그램을 강화합니다. 1988년 다케시타 노보루(竹下登) 수상은 글로벌 구상(Global Initiative)을 내놓았는데, 그중 하나가 문화교류 확대입니다. 국제사회에서 존재감을 드러내고 역할을 견고히 하기 위해서는 국제사회에 대한 더 큰 공헌과 국제 문화교류 강화를 중요한 목표로 삼아야 한다는 전문가들의 의견에 따라, 일본은 국제교류기금 관련 예산과 인원을 늘리는 등 활발한 움직임을 보입니다. 아시아 지역에 대한 문화교류 역시 계속 강화되었습니다. 1990년 국제교류기금 아세안 문화센터(Japan Foundation ASEAN Culture Center)가 설립되어 양방향 문화교류에 나섭니다. 이 기구는 1995년에 학술 교류와 아시아 문화 증진, 그리고 일본인들의 아시아에 대한 이해 증진을 위한 사업을 담당하는 '국제교류기금 아시아 센터(Japan Foundation Asia Center)'로 성장합니다.

1990년대 일본 외교의 큰 과제는 막대한 대미 무역수지 불균형에서 비롯된 미일 갈등을 관리하는 일이었습니다. 일본의 폐쇄적인 유통 구조와 보호주의적 무역정책을 비난하는 목소리가 커지고, 1990년에 발발해 1991년까지 이어진 걸프전쟁에 일본이 130억 달러라는 막대한 전비를 제공했음에도, 일본이 강대국으로서의 책임을 회피하며 무임승차 중이라는 인식이 커지자, 일본은 자국의 정체성과 자국에 대한 인식을 새롭게 하기 위한 작업을 시작합니다. 일본 정부는 국제사회의 요구에 부합하는 '평화를 위한 협력', 'ODA의 확대', '국제문화교류의 강화'를 세 축으로 하는 다케시타 수상의 '국제협력계획'을 추진했습니다.

2004년 8월의 외무성 구조 개편에 따라 홍보문화교류부(Public Diplomacy Department)가 설립되었습니다. 이 기구는 1980년대 이래로 분리되어 있던 대외 홍보 및 국제문화교류 기구들을 통합시켰습니다. 홍보문화교류부는 국제교류기금의 관리감독뿐만 아니라 문화교류를 증진하기 위한 국제조약 시행, 국제문화기구들과의 협력, 그리고 외국에 일본 문화를 소개하고 외국과의 문화교류를 증진하는 일을 담당합니다. 2004년 고이즈미 준이치로(小泉純一郎) 수상은 '문화외교진흥위원회'를 발족했습니다. 이 위원회는 '한 국가의 국민들이 일본을 얼마나 이해하고 있는가는 그 국가의 정부가 일본에 대한 정책을 결정하고 집행하는 데에 가장 중요한 요소가 된다'는 점을 지적했습니다. 21세기 들어 글로벌화가 가속화되는 가운데 일본은 해외 대중에게 일본의 메시지를 전달하는 데에 적극적이어야 할 필요성을 강하게 느끼고 있습니다. 특히 아시아·태평양 지역에서 중국의 위상이 점점 높아짐에 따라 일본은 공공외교를 중국의 위상 변화에 대응해 균형을 맞추기 위해 필요한, 국가 홍보와 문화교류에 필수적인 것으로 인식하고 있습니다. 일본이 문화공공외교에서 새롭게 강조하는 것은 일본 문화의 소개뿐만 아니라 일본인들이 외국 문화에 대해 좀 더 잘 이해하도록 하는 것입니다. 이러한 의도로 일본은 동남아시아의 학자와 예술가들이 해외에서 활동할 수 있도록 지원했고, 이를 통해 일본에 대한 인식이 개선되었다고 평가받고 있습니다. 이 같은 방식은 일본에 대한 인식 개선을 이룬 것으로 평가받고 있습니다.

2) 프랑스의 문화공공외교[2]

프랑스는 문화를 인류 공동의 공유물로 인식하는 사상적 전통이 있습니다. 계몽주의 사상에 바탕을 둔 이러한 생각은 프랑스가 주창해 온 문화다양성 등에서도 잘 나타납니다. 유네스코가 2001년 「유네스코 만국 문화 다양성 선언(UNESCO Universal Declaration on Cultural Diversity)」 채택하는 데 프랑스는 캐나다와 함께 적극적인 역할을 했습니다. 프랑스는 자국 문화 역시 인류기 공통으로 향유할 대상이며, 따라서 보편적인 성격이 있다고 봅니다. 이러한 차원에서 프랑스의 문화를 세계에 알리고 보급하는 것 또한 당연한 일로 여겼습니다. 이런 까닭에 프랑스는 문화의 발전과 보급(국내와 국외 모두)에 국가의 개입이 강한 전통을 가지고 있습니다. 프랑스도 다른 나라와 마찬가지로 프랑스의 문화를 경제적·외교적 목적으로 활용해 왔고, 또 문화민족주의 성향도 매우 강합니다. 프랑스가 말하는 문화다양성·다문화 정책은 사실 타 문화를 프랑스 문화에 통합하려는 성격이 강하다는 비판도 있습니다.

문화를 국가 차원에서 관리하려는 프랑스의 노력은 1922년부터 시작되었다고 봅니다. 이해에 프랑스 예술 확산 및 교류협회(Association frnacaise despansion et dechanges artistiques, 이하 AFEEA)가 창설되었습니다. 1934년에는 AFEEA가 프랑스예술진흥협회(Association francaise dactions artistiques, 이하 AFAA)로 개칭을 했습니다. 1946년에는 프랑스 지식의 해외 확산을 활성화하기 위해 프랑스사상보급협회(Association pour la diffusion de la pensee francaise, 이하 ADPF)가 창설되었고, 2006년에는

---

2) 이 글 중 퀼튀르프랑스 관련 내용은 이상빈의 「프랑스의 문화외교정책」(2009)을 정리·보완했습니다.

AFAA와 ADPF가 통합되면서 '문화프랑스(Culturesfrance, 이하 퀼튀르프랑스)'가 만들어졌습니다. 퀼튀르프랑스는 프랑스가 자국 문화의 해외 보급을 본격적으로 추진하기 위해 임무를 부여한 기관으로, 프랑스 외무부와 프랑스 문화통신부 두 부서의 산하기관입니다. 이 기관은 전 세계에 설치된 프랑스대사관, 문화원, 알리앙스 프랑세즈와 협력 관계를 구축하고, 프랑스의 레지옹(région: 한국의 '도(道)'에 해당)과 유럽의 주요 도시들도 퀼튀르프랑스와 협력하고 있습니다. 이 단체는 22명으로 구성된 행정위원회가 운영하는데, 이 22명에는 외무부를 대표하는 7인과 문화통신부를 대표하는 3인이 포함됩니다. 이러한 구조는 퀼튀르프랑스의 예산 중 72% 이상이 외무부에서 나온다는 사실과 함께, 문화전파에 중점을 두는 이 기관의 성격을 방증합니다.

퀼튀르프랑스의 가장 중요한 임무는 '문화 시즌' 혹은 '문화의 해(Year of Culture)'라는 외국에서 개최하거나 특정 국가와 함께 벌이는 문화 행사를 개최하는 것입니다. 이 행사는 타국이 프랑스에서, 혹은 프랑스가 타국에서 다양한 자국 문화를 소개하는 형식의 문화 행사입니다. 예를 들어 1997~1998년은 일본의 해(프랑스에서 개최)와 프랑스의 해(일본에서 개최)가 1년씩 열렸습니다. 2007년에는 '네덜란드 시즌'이 열렸습니다.

한국과 프랑스는 한불 수교 130주년 기념으로 2015년과 2016년에 '한국의 해'와 '프랑스의 해' 행사를 열었습니다. 이렇게 퀼튀르프랑스 '문화의 해' 행사는 외교적 계기에 또는 외교적 관심 지역과 행사를 갖는 게 보통입니다. 프랑스가 보편주의적 관점에서 자국의 문화를 보급한다는 주장과는 별개로, 프랑스도 다른 모든 나라와 마찬가지로 국익을 위해 문화 자원을 활용해 왔습니다. 역사적으로도 아프리카·중동 국가들과의 관계에 프랑스어와 프랑스의 교육을 활용해 왔습니다. 프랑스가 프랑스어 사용국(francophone)을 관리하기 위해 들이는 노력 또한 매우 큽니다. 2015년에 출범한 글로벌 외교 프로젝트 MAEDI21에는 프랑스 어권 국제기구와 공동으로 디지털 학습 자원을 개발해 전 세계의 프랑스 어 사용자가 인터넷을 이용할 수 있도록 프랑스어 포털 시스템을 추진한 다는 내용이 담겨 있습니다. 또 아프리카 대륙 내에서 프랑스어의 사투 리화를 막기 위해 '아프리카에 10만 명의 교사를(100,000 teachers for Africa)'이라는 프로젝트를 시행하고 있습니다(조화림, 2020). 최근에는 EU 차원의 프랑스 문화 확산 노력이 눈에 띕니다. 프랑스는 2008년 후반 기 유럽연합(EU) 순환의장직을 맡은 것을 계기로 퀼튀르프랑스를 통해 '유럽 시즌' 행사를 열었습니다. 주요 목적은 유럽 회원국의 문화를 프랑 스에 소개하고, 이를 통해 유럽 각국의 공통 문화유산을 공유하며, 유럽 연합의 정체성을 강화하는 것입니다. 퀼튀르프랑스가 대부분의 예산을 외무부로부터 받고 외무부 인사들이 운영위원회 다수를 차지하고 있는 것은 이 기관의 목적이 단순히 프랑스 문화의 증진이나 보급에 한정된 것은 아님을 말해줍니다.

　아마도 프랑스의 문화 예술인들은 자신들이 프랑스의 외교적 목적 이나 경제적 이익을 포함한 국가이익을 위해 국가에 의해 동원되었다는 것을 절대로 인정하지 않을 수도 있습니다. 아마도 문화는 인류 공통의 소유이고 모두가 향유해야 하기 때문에, 그런 차원에서 프랑스 문화를 해외에 소개한다는 프랑스의 오래된 보편주의 전통을 주장할 것입니다. 문화는 직접적인 어떤 목적이나 구체적인 특정 목적을 위해 사용될 수 없습니다. 따라서 문화가 외교의 다른 수단과 비교될 수는 없을 것입니 다. 그러나 다른 공공외교와 마찬가지로 문화공공외교 역시 상대국 국민들의 자국에 대한 인식과 호감도에 변화를 줄 수 있고, 그것은 외교관들이 더욱 호의적인 환경에서 외교 활동을 통해 자국의 이익을 추구할 수 있다는 것을 의미합니다. 프랑스로부터 독립한 아프리카 국가들을 상대로 프랑스가 적극적인 문화외교 정책을 펴는 것은 이러한 관점에서 이해할 수 있습니다.

3) 한국의 문화공공외교

한국에서 공공외교라는 용어가 사용되기 훨씬 이전부터 문화외교라는 말은 흔히 사용되어 왔습니다. 물론 문화공공외교라는 말은 2000년대 들어와서 등장한 용어이고, 아직도 문화계에서는 이 용어에 대한 거부감이 큰 것이 사실입니다. 문화순수주의 관점에서는 문화가 무언가의 수단이 되는 것을 받아들이기가 쉽지 않습니다. 그러나 각국의 문화외교 수행 체계를 살펴보면 문화외교가 외교부 주도로 전개되는 국가가 많습니다. 물론 국제화가 진전되지 못했던 과거에는 외국에 문화를 알리고 전파할 수 있는 수단(해외 공관, 외교관 등)을 가진 외교부가 가장 적당하다고 판단했을 것입니다. 그러나 문화콘텐츠를 담당하는 부서는 문화 부서이기 때문에 외교 부서와 문화 부서 간의 갈등은 피할 수 없습니다. 국가에 따라 외교 부서와 문화 부서의 역학 관계, 문화를 해외로 전파하기 위한 대외 전략이 어떠냐에 따라 문화외교의 수행 방식은 다른 모습으로 나타납니다.

조부근 박사는 문화외교 관련 정부 조직의 변화를 다음과 같이 정리하고 있습니다. 한국은 1948년 7월 17일 '정부조직법'에 따라 외무부 정보국 문화과가 설치되어 문화 관련 대외 선전 업무를 담당하게 됩니다.

이후 1971년 문화공보부 산하에 해외공보관이 신설되어 34명의 해외공보관이 체제 홍보 위주로 홍보를 담당합니다. 1970년대 후반 들어서는 해외홍보와 문화교류를 유기적으로 결합하려는 시도가 나타납니다. 해외에 한국문화원을 설립하고 이러한 조직을 통해 한국 문화를 소개하는 사업들이 시작됩니다. 1979년 도쿄, 뉴욕에 한국문화원이 설립됩니다. 이와는 별개로 외무부는 정보문화국 내에 홍보문화과, 공보과, 문화교류과를 두고 해외 문화교류 업무를 담당했습니다. 1988년에는 정보문화국을 문화외교국으로 개편해 문화외교를 본격적인 외교 업무로 설정하고 이를 추진합니다. 2005년에는 국무조정실의 '해외 문화교류 기능 일원화' 결정에 따라 문화관광부 산하 한국문화원과 국정홍보처의 문화홍보원이 통합되어, 국정홍보처의 해외 문화교류 기능이 문화관광부로 이관됩니다. 2008년에는 문화외교국에 문화외교정책과, 문화예술사업과, 문화교류협력과를 두고 '세계와 소통하는 문화외교'를 추진하게 됩니다(조부근, 2009).

이러한 구조는 정책적인 측면에서 외교부가 해외 문화교류를 담당하는 한편, 문화관광부가 해외에 설치한 한국문화원을 관리하면서 나름의 문화교류를 시행하는 구조를 말합니다. 여기에 한국어 교육까지 포함하면 더욱 복잡해집니다. 2009년의 경우, 문화외교 관련 업무는 외교통상부(한국국제교류재단), 문화체육관광부(해외문화홍보원, 예술지원경영센터, 한국문화예술위원회), 교육과학기술부(국제교육진흥원, 재외한국교육원) 등이 담당하고 있습니다. 여러분이 짐작할 수 있다시피 업무의 중복성 때문에 효율성이 떨어지거나 불필요한 기관 간 경쟁이 벌어지기도 합니다. 2020년 현재 문화공공외교는 외교부 공공문화외교국, 문화체육관광부 해외문화홍보원, 교육부 국립국제교육원이 담당하고 있습니다.

문화공공외교는 외교적 계기에, 혹은 장기적·외교적 목표에 따라 실행됩니다. 예를 들어 문재인 정부에 들어와서 동남아 국가들을 대상으로 외교를 강화하기 위한 신남방정책이 추진되어, 이 국가들에 대한 문화공공외교 필요성이 커집니다. 대통령이 아세안 10개국을 모두 방문하겠다고 약속을 이행했는데, 이러한 공식 방문에 맞추어 다양한 문화 행사들이 한국과 해당 동남아 국가에서 펼쳐집니다. 신남방정책은 사람 간의 교류 또한 강조하고 있어, 동남아 국가 국민들과의 교류 사업도 활발히 이루어집니다. 여기에는 당연히 문화·예술 관련 교류 행사들이 들어 있습니다. 신남방정책 사업 리스트를 보면 16개 추진 사업 중 두 번째가 쌍방형 문화교류 확대입니다. 그 내용을 보면 쌍방향 문화교류 추진을 통한 신남방 지역의 문화교류 거점 확충과 문화 ODA(공적개발원조) 사업, 아세안 문화·언어 콘텐츠 확산 등 우리 국민들의 대아세안 인식 개선을 목표로 하고 있습니다. 이를 위해 아세안 국가들과의 수교 기념 계기 대규모 복합 한류 행사 개최, 문화원 등 문화 인프라 확대, 아세안 문화원 및 한-아세안 센터 활동 확대 등을 계획하고 있습니다.

제5장

지식공공외교

1. 지식공공외교의 이해

지식공공외교는 사실 한국에서 만든 영역이라고 생각합니다. 공공외교에서 지식이 주요한 수단이 될 수 있음은 오래된 상식이지만, 지식이라는 것이 문화적 자산으로 볼 수도 있고 정책적 자산이 될 수도 있기 때문에, 대체로 문화와 정책 두 가지 영역에서 다루어 왔습니다. 특히 교육시스템을 공공외교의 중요한 자산으로 여기는 것은 아주 오래된 일이고, 미국이나 영국, 최근에는 호주도 이러한 자산을 매우 적극적으로 활용해 온 것이 사실입니다. 조지프 나이(Joseph S. Nye, Jr.) 역시 『소프트 파워(Soft Power: The Means to Success in World Politics)』라는 책에서 교육시스템(교육기관, 지식 등)을 상위문화로 규정했습니다. 하지만 한국에서는 지식을 문화와 구별해 사용합니다. 우리나라 외교부의 공공외교 관련 문건들을 보면 공공외교의 3대 영역으로 문화·지식·정책 공공외교를 들고 있습니다. 그러나 개인적으로는 지식이라는 부분이 문화나 정책과 무 자르듯 구분될 수 있는지 의문입니다. 외교부의 지식외교 프로그램들을 살펴보면, 우리나라에서 말하는 '지식'의 의미가 일반적으로 사용되는 뜻과 조금 다르다는 것을 알게 됩니다. 한국 지식공공외교의 주요 목표는 '한국에 대한 올바른 인식과 이해 확산'입니다. 그 주요 프로그램은 외국 교과서에 실린 한국 관련 오류 바로잡기 사업입니다. 그리고 한국학 진흥도 지식공공외교의 중요 부분입니다. 한국학의 소개와 전파를 통해 한국의 역사, 전통, 문화에 대한 세계인의 지식에 공헌하는 것이 목표입니다. 이러한 내용들을 보면 한국의 지식공공외교는 지식을 수단으로 삼기보다 한국에 대한 올바른 지식의 확산에 강조점이 있는 것 같습니다. 조지프 나이가 말한 상위문화 외교에서 미국 교육시스템을 경험하도록 하는 것도, 사실은 이러한 교육을 통해 미국을 제대로 이해시키고 미국의 가치관과 문화에 대한 이해를 넓히는 것이 궁극적 목적이기 때문에 우리의 지식공공외교와도 일맥상통하는 것으로 보입니다. 그래서 이 장에서는 한국에 대한 올바른 이해와 인식을 증진하는 차원의 지식공공외교와 우리의 지식 자산을 통해 한국의 매력을 높이는 지식공공외교, 이 두 가지로 나눠 이야기해 보려 합니다.

첫 번째로 지식공공외교는 지식이라는 차원에서 외교적 노력을 통해 우리나라에 대한 이해를 높이고 우리나라의 매력을 널리 소개하는 외교적 노력입니다. 한국에 대한 올바른 정보를 접하지 못하거나 오해를 하고 있다면, 우리나라를 정확히 인식하지 못하거나 우리의 매력을 알 수 없을 뿐 아니라 매우 부정적인 인상을 가질 수도 있다. 이러한 예는 매우 많습니다. 동양에 대해 관심이 많은 외국인들 중에도 한국이 중국의 일부라거나 문화적으로 중국의 속국이라고 생각하는 사람들이 많습니다. 한국이 독자적 문자와 언어 없이 중국어와 중국 문자를 사용한다고 생각하는 사람들도 많습니다.

한국에 대한 터무니없는 오해도 많습니다. 스페인 교과서에는 남한은 영양부족으로 시달리고 있지만 북한은 매우 좋은 영양 상태를 유지하고 있다고 되어 있고, 아이슬란드 교과서에는 한국이 "애완동물을 먹어야 할 만큼 빈곤한 상황이다"라고 소개되고 있습니다. 예멘의 교과서에는 "한국이 영국의 식민지였다"라고 되어 있습니다. 이렇듯 외국 교과서의 한국에 대한 오류는 꽤 심각합니다. 한국학중앙연구소의 조사에 따르면 2014년부터 2017년 전 세계 46개국의 교과서에서 한국에 관한 오류나 사실 누락이 1507건이나 발견되었다고 합니다. 한국 정부는 이와 같은 오류를 바로잡기 위한 노력을 꾸준히 진행하고 있습니다. 하지만 수정률은 50%대를 밑돌고 있습니다. 교과서를 수정하는 일은 그렇게 어렵습니다. 문제는 이러한 교과서로 어린 시기에 한국에 대한 정보를 접한 사람들은 전반적으로 잘못된 인상과 인식을 갖게 된다는 것입니다. 또한 한때 한국이 처했던 빈곤이나 독재 같은 상황을 현재까지 이어지는 사실로 믿고 있는 이들도 많습니다. 이러한 오해나 잘못된 정보들을 바로 잡아야만, 한국에 대해 호감이나 매력을 느낄 수 있는 여지가 생길 것입니다.

해외에서 이루어지는 한국학 연구에 대한 지원이나 증진을 위한 노력도 한국을 올바로 알리는 중요한 지식공공외교 사업입니다. 한국학은 사회학·인류학·경제학·정치학 등 사회과학 분야도 있지만, 문학·철학·역사학 등 인문학 분야도 포함됩니다. 인문학 분야에서 한국의 고전이나 문학작품 그리고 한국의 역사와 관련된 연구들은 한국을 심층적으로 이해하는 데에 매우 중요합니다. 한국학 연구를 통해 한국이 오랜 역사와 독자적인 문화자산을 지닌 매력적인 나라라는 것을 알게 됩니다.

두 번째로 지식자산을 수단 삼아 상대국 대중에게 다가가는 지식공공외교가 있습니다. 문화자산처럼 지적 자산(지식)도 외교의 매력적인 수단입니다. 지식을 수단으로 하는 지식공공외교는 공공외교의 중요한 부분입니다. 데이비드 존스턴(David Johnston)은 지식외교를 "역사적 발전 경험을 통해서 축적된 아이디어, 가치, 제도, 정책 등을 주 자산으로 사용하는 외교"라고 정의했습니다(Johnston, 2012). 어떤 것들이 과연 지식일까요?

우리가 가장 쉽게 느낄 수 있는 것은 윈도우나 안드로이드 운영체제와 같은 기술지식일 것입니다. 또 우리가 흔히 비즈니스 모델이라고 하는 아이디어 같은 것들도 중요한 지식입니다. 우버(Uber)나 쏘카(SOCAR)와 같은 공유경제 서비스도 아이디어이자 지식입니다. 빅데이터, 정보 등도 중요한 지식이구요. 미국과 같은 선진국들이 이러한 지식자산을 많이 가지고 있습니다. 이러한 자산들은 지식 보유국들의 매력에 기여할 뿐만 아니라 그 나라에 대한 인식을 변화시키고, 더 많은 사람들이 그러한 지식들을 배우기 위해 해당 국가로 유학을 가도록 만들기도 합니다. 그러려면 해당 국가의 언어를 습득해야 하는데, 이 과정에서 해당 나라에 대한 친밀감이 형성되기도 합니다. 여기서 말하는 지식은 과학적 지식뿐만 아니라 요리법, 위스키 제조법 등 다양한 형태의 지식들을 포함합니다. 프랑스의 유명한 요리학교에 유학 가거나 스위스의 유명한 호텔학교로 유학 가는 것은 그러한 나라들이 오랫동안 축적해 온 특정 분야에서의 지식들을 배우기 위함입니다.

국가들은 자신들의 사정에 따라 다양한 형태의 지식공공외교를 추진합니다. 지식 강대국들은 과학기술지식 등을 활용한 지식외교를 통해 자국의 지식 생태계에서의 영향력 강화나 자국 산업의 진흥을 모색합니다. 과학기술적 지식이 없는 나라도 지식외교를 할 수 있습니다. 기후변화에 관심을 가지고 많은 연구를 축적해 온 나라라면 기후변화 이슈에서 자국의 지식을 바탕으로 적극적인 역할을 할 수 있으며, 이러한 지식 재산을 공유하는 공공외교를 펼칠 수도 있습니다. 한국의 경우, 경제발전과 관련된 지식들이 중요한 자산이 될 수 있습니다. 그중에서 빠른 시간 내에 경제발전을 이룬 경험은 많은 개도국들이 관심을 가지고 배우고 싶어 하는 지식 자산입니다.

실제로 우리나라는 이와 같은 경제발전 경험을 공유하는 많은 프로그램을 만들어 개도국에 전수하고 있습니다. KOICA(한국국제협력단)의 개발경험공유사업이나 기획재정부가 2004년부터 시행해 온 경제발전 경험공유사업(Knowledge Sharing Program)이 대표적인 사업입니다. 이런 사업들은 개발협력 사업의 성격을 띠기도 하지만, 우리의 축적된 경험을 소개·전수하므로 지식공공외교의 성격을 갖기도 합니다. 최근에는 우리의 대중교통 시스템 같은 지식들도 많은 나라나 도시의 이목을 끌고 있습니다.

2. 한국의 지식공공외교 사례

한국의 지식공공외교와 관련해 두 가지 사례를 소개하고자 합니다. 하나는 기획재정부가 주관하는 지식공유프로그램이고, 또 하나는 한국국제교류재단(KF: Korea Foundation)이 주관하는 한국 알리기 사업 가운데 한국학 진흥 사업과 한국 알리기 출판 사업입니다.

1) 기획재정부 경제발전경험공유사업

기획재정부는 한국의 경험과 지식에 대한 협력 수요에 부응하고 국제사회 공동번영에 기여하기 위해 2004년 경제발전경험공유사업(Knowledge Sharing Program, 이하 KSP)을 출범했습니다. 출범 이후 전 세계 76개 국가, 9개 국제기구와 KSP를 통해 협력하고 있습니다. KSP는 경제정책, 사회정책, 공공부문 개발 등 세 가지 영역에서 협력하고 있습니다. 프로그램의 총괄수행기관은 KDI(Korea Development Institute), 수출입은행, KOTRA(대한무역투자진흥공사)가 맡고 있습니다. 프로그램은 정책 자문, 지역 기구와 함께하는 공동 컨설팅, 사례연구로 나뉩니다. 실제 프로그램에서는 관련 영역에서의 세미나, 실무자 연수, 보고회가 개최되고, 고위급 정책 대화를 비롯해 지속적인 정책 토론이 실시됩니다. 또한 성과확산컨퍼런스(국내), 지역별세미나(국외) 등을 통해 창출된 지식과 유용한 정보를 국내외 이해당사자들과 공유합니다.

KSP를 통한 정책적 지식의 공유가 정책 수립과 법률 제정 및 개정, 기관 설립 등 거버넌스 개선으로 이어지는 것을 목표로 합니다. 양국의 긴밀한 협력을 바탕으로 추진되는 KSP는 이후 개발협력 및 경제협력으로 연계되어 사업의 효과가 극대화됩니다. 후속 지식 공유 및 기술지원, 양국 주요 기관 간 MOU(memorandum of understanding) 체결, 국내외 개발협력 사업과의 연계, 더 나아가 직접 투자, 무역 확대로 이어지는 협력 강화는 협력국과 우리나라의 관계를 공고히 해줍니다. 이 지식공유프로그램은 지식공공외교적 성격을 강하게 띠고 있지만 기획재정부가 주관하고 있기 때문에 공공외교 영역으로 인식되지 않는 듯합니다.

2) KF의 한국 알리기, 한국학 진흥 사업

두 번째로 KF의 한국 알리기 사업과 한국학 진흥 사업입니다. 먼저 한국 알리기 사업 중 이원복 교수의 『먼 나라 이웃나라』 번역 및 출판 지원 사업을 간단히 소개하겠습니다. 이원복 교수의 『먼 나라 이웃나라: 한국 편』은 KF의 지원으로 현재 영어, 일어, 프랑스어, 중국어, 러시아어, 스페인어, 독일어, 베트남어의 8개 언어로 번역되어 출판되었습니다. 『먼 나라 이웃나라: 한국 편』은 한국에 파견되는 외국인들이 부임하기 전에 제일 먼저 읽는 소개서로 알려져 있습니다. 만화이기 때문에 읽기에 부담이 없고, 한국의 역사나 정치, 사회, 문화에 대한 소개가 대략 간추려 있어 한국을 알리는 데 매우 훌륭한 교재입니다. 이러한 출판 지원 활동(번역료·출판비 지원)을 통해 한국에 대한 올바른 정보를 제공함으로써 세계인들이 한국을 더 잘 이해하고 관심을 가질 수 있도록 하는 효과가 있습니다.

KF의 한국학 진흥 사업은 매우 다양한 프로그램을 진행하고 있습니다. 해외에서 한국학이나 한국어 관련 과목을 개설하는 데 드는 비용을 지원하거나, 한국학 교수직 설치나 한국학 객원교수 파견 등 대학 수준에서 한국 관련 과목을 늘리는 사업 등이 있습니다. 한국에 대한 심도 있는 이해를 증진하기 위해서는 한국어나 한국 관련 주제를 전공하는 학자들을 배출하는 것이 가장 기본적인 활동입니다. 이를 위해 외국에서 한국학을 전공하는 학생들에게 장학금을 지원하고, 이들이 한국에 와서 석박사 논문을 작성할 수 있도록 방한연구펠로십(Field Research Fellowship) 프로그램을 운영하고 있습니다. 이러한 지원을 통해 한국학을 전공하는 현지 학자들을 양성하는 것을 돕고 있습니다. 방한연구펠로십은 이처럼 대상 학생들이 학위를 마치고 현지 대학에서 한국학을 가르치며 제자들을 길러내 이들이 다시 대학에서 한국학을 가르치는, 외부 지원이 없는 완결적인 한국학 학자 양성 체계를 목표로 합니다. 이들이 대학에서 한국학을 가르치기 위해서는 그러한 과목이 개설되어야 하며, 더 나아가 한국학 전공이 만들어져야 합니다. 앞서 말한 한국(어)학 관련 과목이나 전공, 교수직 설치 지원 프로그램이 그러한 사업에 해당합니다.

제6장

정책공공외교

1. 정책공공외교의 이해

공공외교가 발전된 미국과 같은 나라의 경험을 보면 일반 대중을 상대로 한 문화자산, 지식 등을 수단으로 하는 공공외교는 점차 여론 주도층을 대상으로 한 정책공공외교로 옮겨 갑니다. 자국의 정책에 대한 지지를 확보한다는 좀 더 직접적인 목표가 공공외교의 목표가 되고, 이를 위해 자국 정책을 상대국의 전문가, 여론 주도층에 설명하고자 노력한 것입니다. 여기서 정책은 외교정책이 될 수도 있고, 특정 의제에 대한 정책(예를 들어 기후변화에 대한 정책)이 될 수도 있습니다. 정책공공외교는 자국의 주요한 정책을 소개·전파함으로써 그에 대한 관심과 지지를 획득하기 위한 공공외교입니다. 그러므로 정책공공외교는 일반 대중보다, 정책을 이해할 수 있고 자국의 대외정책(예를 들어 한반도 관련 정책 등)에 영향을 미칠 수 있는 전문가들과 여론 주도층들을 대상으로 합니다.

이른바 '정책 커뮤니티'를 대상으로 한 정책공공외교가 중요한 이유는 이들의 활동 영역과 기능이 국가의 정책 형성 및 실행과 관련된 공적 영역에 속하는 한편, 시민사회를 포함한 사적 영역에도 속하기 때문입니다. 이 정책 전문가들은 특정 국가의 정책 형성에 영향력을 행사할 뿐만 아니라 언론과 시민사회에도 영향력을 미칩니다. 김태환 교수는 디지털 네트워크가 발달된 현재에 와서는 '공적 영역'이 특정 국가 내부에 국한되는 것이 아니라 국제사회에서도 사이버스페이스를 통해 공적 영역이 형성되기 때문에, 이들의 활동이 국내 및 국제적 공적 영역에서 어젠다 설정은 물론이고 어젠다 확산 기능을 수행할 만큼 영향력이 커졌다고 주장합니다(김태환, 2016).

정책공공외교의 주체를 살펴보면 정부가 주체가 되기도 하지만, 이런 경우 프로파간다로 비칠 위험이 있기 때문에 가능하면 자국의 학계 인사들이나 연구기관 같은 민간 부분과 협업을 통해 정책공공외교를 전개합니다. 미국의 정책연구소를 대상으로 하는 우리 외교부의 정책공공외교는 다양한 민간 및 공공 기관들의 협약을 통해 민관 컨소시엄을 구성하여 시행하고 있습니다. 여기에는 동아시아재단, 동아시아연구소, 세종연구소, 국방연구원, 통일연구원, 동북아역사재단, KF 등이 참여하고 있습니다. 이러한 민관협력형 정책공공외교 사업은 정부가 주도하기는 하지만, 민간기관들이 이미 보유하고 있는 해외 네트워크와 전문성을 활용할 수 있다는 장점이 있습니다. 또한 인력과 자원 면에서 한계가 있는 외교부만의 단독 사업과 달리 민간 전문가들이 전문성을 제공하거나 인적 자원을 지원할 수 있고, 재정적인 측면에서도 정부 주도 정책공공외교의 부족한 면을 보완할 수 있다는 장점이 있습니다. 이와 함께 매우 중요한 점은 정부 단독으로 시행할 경우 생길 수 있는 정부 정책의 일방적 홍보라는 인식이나 반발을 줄일 수 있으며, 민간 전문가들의 참여를 통해 정부 정책에 피드백을 제공함으로써 보다 세련된 방식으로 정책을 소개할 수 있다는 장점이 있습니다.

2. 한국의 정책공공외교 사례

한국은 지정학적 위치와 남북 분단 상황으로 인해 주변 강대국들의 지지, 나아가서 지역 국가들과 세계 주요 국가들의 지지가 필요합니다. 따라서 우리의 생존과 관련된 대외정책을 주요 국가의 전문가들에게 알리고 지지를 획득하는 정책공공외교가 매우 중요합니다. 몇 가지 사례를 살펴보겠습니다.

1) 해외 통일 특강 프로그램

정책공공외교 중 민주평화통일자문회의가 주관하는 해외 통일 특강 프로그램은 해외 한인들과 현지 대중(대학생 포함)을 대상으로 합니다. 해외에 거주하는 한인들은 현지에서 민간 외교관 역할을 할 때가 많습니다. 한국에서 무슨 일이 생기면 현지인들은 그곳에 거주하는 한국인들에게 질문하여 정보를 습득하는 경우가 많습니다. 따라서 우리 정부의 남북 관계 관련 정책이나 통일 정책 등을 특강을 통해 이해하기 쉽게 전달함으로써 해외에 거주하는 한인들에게 우리의 현실과 우리 정부의 정책이 오해나 왜곡 없이 정확이 전달되도록 노력하고 있습니다. 민간연구소나 대학에서 관련 분야를 전공하는 학자들이 주로 특강을 담당하게 됩니다.

2) KF의 해외 정책연구 지원 사업

두 번째 정책공공외교의 사례는 KF의 해외 정책연구 지원 사업입니다. 한국국제교류재단은 외교부 산하기관으로, 공공외교 실행 기관입니다. 여기서 시행하는 해외 싱크 탱크 지원 사업은 해외 주요 국가의 싱크 탱크(연구 및 정책자문 기관)에서 한국 관련 연구 및 전문가 채용 지원, 한국 관련 특강 및 세미나 개최 등을 지원하고 있습니다. 몇 가지 실례를 들어보면 KF는 주요국에 해외 사무소를 두고 있는데, 미국의 수도 워싱턴 D.C.에 있는 지사가 가장 중요한 해외 사무소입니다. 워싱턴 D.C.에는 수십여 개의 싱크 탱크가 존재합니다. 이러한 싱크 탱크들은 단순히 연구 및 자문 기능만 하는 것이 아니라, 향후 미국의 주요 정책에 관여할 수도 있는 전문가들이 향후 정부 정책을 구상하는 곳이기도 합니다. 다시 말해 정부가 바뀌면 정부에 있던 정책 전문가들이 싱크 탱크로 돌아와 다음 선거를 준비하고, 새로운 정책들을 구상하며, 변화하는 대외환경에 대해 연구합니다. 만일 다음 선거에 자신이 지지하는 정부가 들어서면 이들은 백악관, 국무성 등에 들어가서 일하게 됩니다.

이러한 특징으로 인해 많은 국가들이 워싱턴 D.C.의 싱크 탱크들과 관계를 맺고 유지하고자 합니다. 한국의 경우 대외경제정책연구원(KIEP: Korea Institute for Economic Policy)이 워싱턴 D.C.에 소재한 한국경제연구소(KEI: Korea Economic Institute)를 지원하고 있고, KF는 전략국제연구센터(CSIS: Center for Strategic and International Studies)에 코리아 체어(Korea Chair, 한국 석좌연구직)를 만들어서 한국 관련 연구를 지원하고 있습니다. 또한 KF는 한국과 미국의 학자, 정부 관계자, 싱크 탱크 연구원들이 참여해 한반도 현안에 대해 의견을 나눌 수 있도록 매년 CSIS와 함께 한미전략포럼을 개최합니다. 이러한 활동을 통해 워싱턴의 정부 관리, 언론인, 정책 전문가들에게 한국의 상황에 대해 정확한 정보를 제공하고, 현안에 대한 한국 정부의 견해와 논리를 전달하며, 한국과 워싱턴 전문가들 사이의 인적 네트워크를 강화하는 역할을 합니다. 이는 한국은 물론이고 일본 등 많은 나라들이 하고 있는 활동입니다. KF의 정책공공외교 활동은 KF의 공공외교 활동을 다루는 장에서 자세히 설명하겠습니다.

3) 동북아평화협력구상과 동북아평화협력포럼

이번에는 실제로 정책공공외교가 어떻게 시행되는지 한국의 대외정책 사례를 통해 알아보도록 하겠습니다. 박근혜 정부의 주요 대외정책 중 하나가 '동북아평화협력구상'이었습니다. 이는 동북아에서의 평화와 안정 달성을 통해 한반도의 평화와 안정 또한 추구할 수 있다는 구상으로, 동북아 국가들 사이에 신뢰를 형성하며 협력의 문화를 바탕 삼아 비전통적이고 초국가적인 이슈에 대한 협의와 협력에서 시작해 점진적으로 안보 관련 협력으로까지 확대하는 것을 목표로 하고 있습니다. 문제는 관련 구상들이 동북아 국가들과 미국을 비롯한 이해 상관자(stake-holder)들의 지지를 받아야 한다는 것입니다. 이러한 지지를 확보하기 위해 정책공공외교가 추진되었습니다. 정부는 외교부를 중심으로 학계 전문가들과 함께 대표단을 구성해 미국, 일본, 중국, 러시아, 몽골 등 협력 구상의 해당국들을 순회하며 상대국 정부와 정책연구기관 등 정책 커뮤니티를 대상으로 세미나나 간담회의 형태로 정책공공외교 활동을 전개했습니다.

또한 2014년에는 외교부 내의 국립외교원 주관으로, 2015년에는 세종연구소 주관으로 제 1, 2차 동북아평화협력포럼을 서울에서 개최했습니다. 이 포럼은 동북아평화협력구상이 핵심 대상 영역으로 설정한 에

너지 안보, 핵 안전, 사이버 안보, 환경 및 재해·재난 분야에서 유관 국가들 간의 구체적인 협력 방안을 도출하려는 목적이 있습니다. 이 포럼의 특징은 유관국 외교부의 고위 간부 회의를 민간 전문가 회의와 병행함으로써 단순히 민간 전문가들의 의견 교환으로 끝나지 않고, 유관국 정부의 참여를 확보하도록 기획되어 있었다는 점입니다. 이 포럼은 2016년 처음으로 미국에서 개최되어 동북아평화협력회의 「의장요약문(Chairman's Summary)」을 통해 동북아평화협력구상의 추진 필요성에 대한 공감대 확인, 기능별 협력 분야에서 실질 협력 추진, 2017년 제4차 정부 간 협의회 개최 등에 합의했습니다. 이 포럼은 정부가 바뀐 후에도 2020년까지 계속해서 개최되고 있습니다.

동북아평화협력포럼은 이러한 정부 차원의 정책공공외교와 함께 주요 국가의 싱크 탱크들과 동북아평화협력구상을 중심으로 한 세미나들을 개최하거나 여러 정례 회의에서 동북아평화협력구상에 대한 발표와 의견 교환을 추진했습니다. KF가 미국의 CSIS와 진행해 오고 있는 한미 전략포럼에서는 외교부 고위 관리의 동북아평화협력구상에 대한 기조연설과 패널 토론들이 이루어졌습니다. 영국의 채텀 하우스(Chatham House)에서 열린 한반도 안보관련 회의에도 윤병세 외교부 장관이 참석하여 기조연설을 통해 한반도평화협력구상, 신뢰외교 등에 대한 설명과 지지를 호소했습니다.

제7장

미디어/디지털 공공외교

1. 미디어 공공외교의 이해

　문화·지식·정책 공공외교는 내용에 관한 분류이지만, 미디어·디지털 공공외교 등은 내용을 전달하는 수단에 따른 분류입니다. 상대국 대중에게 우리가 전하고자 하는 메시지를 어떻게 전달할 것인지는 공공외교 전달 수단의 문제입니다. 제2차 세계대전 중 적국의 대중에게 메시지를 퍼뜨리기 위해 사용된 것이 라디오입니다. VOA 방송이나 영국의 BBC가 미디어 공공외교의 주요 수단이 되었던 것입니다. 그 후 국제적 방송사 BBC 월드(BBC World) 등이 TV를 활용한 미디어 공공외교 수단으로 활용되었습니다. 현재는 이러한 전통적 미디어와 함께 페이스북이나 트위터와 같은 소셜미디어 플랫폼들이 공공외교에 적극적으로 활용되고 있습니다.

　국제방송은 공공외교의 매우 중요한 수단입니다. 국제방송은 주로 국가가 주도해 해외 거주 자국민이나 외국인을 대상으로 해외로 송출하는 방송을 말합니다. 공공외교의 중요성이 높아지면서 외국 일반 대중을 대상으로 국제 이슈나 정책을 직접 설명하여 자국의 이해관계에 부합하는 인식을 형성하는 것이 매우 중요해졌습니다. 이러한 작업에서 국제방송은 매우 중요한 수단이 됩니다. 선진국들이 국제방송 서비스를 확대하고 제공하는 언어 서비스를 지속적으로 늘려온 이유 역시 바로 이 때문입니다. 실제로 미국의 공공외교 관련 예산 중 가장 많은 부분을 차지하는 것이 VOA, 자유아시아방송(RFA: Radio Free Asia) 등을 운영하는 미국세계언론기구(U.S. Agency for Global Media, 이하 USAGM)인 것을 볼 때 미디어를 통한 공공외교가 얼마나 중요한지 알 수 있습니다.

심영섭 교수는 오키피와 올리버(O'Keeffe and Oliver, 2010)가 제시한 국가의 공공외교 목표를 성취하는 데에 국제방송이 하는 다섯 가지 방식의 기여를 소개하고 있습니다. "첫째, 신뢰할 만한 대안적 정보와 아이디어를 제공하는 역할이다. 이러한 역할은 미디어 독립성이 공고하지 못한 나라에서 특히 중요하다. 둘째, 해외 거주 자국민에게 접근하고 영향력을 행사하는 역할이다. 셋째, 미국과 영국 등 영어를 모국어로 쓰는 강대국으로부터 자국의 언어를 지키는 것 역시 비영어권 국가 국제방송의 중요한 목표가 된다. 프랑스의 TV5몽드(TV5Monde)는 프랑스어 확산과 보존을 가장 주요한 목표로 설정한다. 독일 국제방송인 DW(Deutsche Welle, 독일의 소리) 역시 독일어 사용 촉진을 공식 미션 문서에 명기하고 있다. 넷째, 비서구권 국제방송의 중요 목표 중 하나는 서구 및 영어권 미디어의 문화적 지배에 대항하고 자국 시각에서 국제 이슈를 해석, 제공하는 것이다. 아랍권의 알자지라(Al Jazeera) 방송이나 중국의 여러 국제방송들이 여기에 해당한다. 마지막은 자국의 문화, 이상, 가치와 전문성 등을 투사하여 타국 시민들에게 긍정적 이미지를 형성하는 것이다. 이 외에도 국제방송은 자국 기업의 해외시장 진출을 도와 경제교류를 활성화시키거나 자국에 들어와 있는 외국인들이 안정적으로 생활하고 적응할 수 있도록 도와주는 역할도 수행한다"(심영섭, 2017).

　대중은 타국에 관한 정보를 신문이나 방송, 그리고 최근에는 소셜미디어를 통해 손쉽게 얻습니다. 따라서 미디어를 표적 특성에 따라 선택하고, 미디어의 특성에 맞는 콘텐츠를 선별해 제공해야만 원하는 결과를 얻을 수 있을 것입니다. 타국의 정책 전문가들처럼 전문성이 있는 대상에게는 신뢰도나 정확성이 높은, 신문 등의 미디어가 더 효과적입니다. 그러나 상대국 청년층이나 일반 대중에게는 페이스북이나 유튜브가 더 효과적인 미디어일 것입니다. 또 정책 관련 콘텐츠들은 소셜미디어에는 잘 맞지 않을 수도 있습니다. 소셜미디어는 간략하고 흥미로운 콘텐츠를 담을 때 전달력이 가장 좋을 수 있습니다. 따라서 그러한 콘텐츠 위주로 활용하는 것이 더 좋을 것입니다. 더불어 매우 지적이고 분별력이 높은 대상에게 프로파간다성 콘텐츠를 제공하는 것은 오히려 역효과를 낼 수 있습니다. 이런 이유로 대상들이 어떠한 수준의 정보를 이미 가지고 있는지 파악하는 것도 중요합니다. 그래서 미국과 같은 미디어 강대국들은 전문적인 여론조사 기관을 설립해 정기적인 여론조사를 통해 미국에 대한 세계인의 생각을 분석하고 있습니다. 갤럽(Gallup)사의 '갤럽세계여론조사(Gallup World Poll)', 퓨 리서치 센터(Pew Research Center)의 '세계 경향과 트렌드(Global Attitudes and Trends)', 서베이 등 그런 예입니다. 특히 퓨 리서치 센터의 국가호감도 조사는 효과적인 공공외교 전략을 짜는 데에 매우 중요한 자료가 될 수 있습니다.

　미디어의 특성 중 하나는 문지기(gate keeper) 기능을 한다는 것입니다. 다시 말해 모든 정보를 그냥 전달하는 것이 아니라, 일정한 기준에 의해 거르고 추린 후 뉴스로서 가치가 있다고 판단되는 것만 대중에게 제공하는 것입니다. 이와 같은 기능 때문에 국가들은 직접 통제할 수 있는 국영 미디어를 보유하고자 하며, 이를 통해 자신이 전하고자 하는 뉴스를 상대국 대중에게 공급하고자 합니다. 미국은 특히 냉전 기간 동안 VOA 방송 이외에도 자유아시아방송, 자유유럽방송(RFE: Radio Free Europe) 등을 운영하면서 자유주의적 가치와 미국이 전하고자 하는 메시지를 전 세계에 전달해 왔습니다. 사실 냉전 시기에 미국이 대공산권 공공외교에서 가장 중시했던 것은 미디어 공공외교입니다. 미국은 부와 인적자원을 바탕으로 세계적인 미디어를 보유하고 있습니다. 이러한 미디어 독점을 통해 미국은 자신들이 전하고자 하는 메시지를 효과적으로 전파해왔습니다..

미디어의 중요성을 인식한 다른 나라들도 대안적 미디어들을 만들어 이에 대항하고 있습니다. 알자지라는 1996년 설립된 카타르의 민영 방송으로, 범이슬람적 시각에서 아랍의 목소리를 전 세계에 알리고자 설립되었습니다. '테러와의 전쟁'을 통해 서방에 알려졌으며 오사마 빈 라덴(Osama bin Laden)의 모습을 담은 테이프를 입수해 방송함으로써 세계의 주목을 받았습니다. 2006년 영어로 방송하는 알자지라 인터내셔널(Al Jazeera International)을 설립하여 세계 채널로 도약했습니다. 알자지라 이후 다양한 아랍권 방송사들이 생겨났습니다. 알자지라는 아랍권 시청자들의 관점에서 방송을 내보냄으로써 미국 일변도인 다른 세계 채널(예를 들어 CNN)들과 차별성을 보입니다. 예를 들어 CNN이 테러리스트라고 부르는 사람을 알자지라에서는 전사(fighter)로 부르며, 팔레스타인인이 이스라엘을 공격하는 사건을 보도하는 CNN과 달리 이스라엘이 팔레스타인 마을을 폭격하는 모습을 생방송으로 내보냅니다. 이제 뉴스 미디어에도 '관점의 전쟁'이 벌어지고 있는 것입니다.

이와 같은 변화는 미디어가 공공외교의 수단으로 편하게 이용되던 시대가 끝났다는 것을 의미합니다. 미국은 이러한 변화에 대응해 알 후라(al Hurra)와 라디오 사와(Radio Sawa) 등 아랍어 방송을 설립해 운영했으나 아랍권의 반응은 그다지 좋지 않았던 것 같습니다. 여러 아랍어권 국제방송 신뢰도 조사에서 알 후라는 좋지 못한 성적표를 받았습니다. 미국의 시각이 담긴 방송 내용에 아랍권 시청자들이 부정적인 반응을 보인 것 같습니다.

중국 역시 미디어를 통한 이미지 관리에 많은 노력을 기울이고 있습니다. 중국국제방송(China Radio International)은 단파, 중파, 인터넷을 통해 전 세계로 방송되고 있으며, 2000년에 시작된 CCTV9는 위성을 통해 전 세계로 영어 방송을 송출하고 있습니다. 만일 여러분이 중국어를 선호한다면 CCTV4를 통해 중국이 제공하는 국제 뉴스를 시청할 수 있습니다. CCTV 인터내셔널(CCTV International)은 중국 정부가 운영하는 미디어로, 방송 대상 지역의 중국대사관에서 제공하는 정보를 프로그램에 포함시킬지에 대해 중국 외교부로부터 지시를 받습니다. 이 방송의 뉴스 프로그램은 중국의 경제, 문화, 관광 그리고 중국어를 확산시키기 위한 목적으로 만들어집니다. 서구의 미디어 독점에 대항해 세계의 주요 현안을 중국의 시각으로 보도하는 것이지요.

디지털 미디어 영역에서는 이러한 현상이 더욱더 명확히 나타납니다. 소셜미디어와 같은 뉴미디어들은 독점성이 거의 없어 보입니다. 누구나 뉴스를 자기 관점에서 제작하고 송출할 수 있기 때문이지요. 여러분들이 유튜브상에서 다양한 스펙트럼의 뉴스 콘텐츠들을 접하는 것이 그 예입니다. 나의 뉴스는 전혀 다른 해석과 분석을 하는 다른 뉴스들과 경쟁하게 됩니다. 뉴미디어를 활용한 디지털 공공외교는 그 한계에도 불구하고, 공공외교의 주체를 확장시켰습니다. 이제 개개인이 미디어를 소유하게 되었기 때문에, 콘텐츠를 생산하고 대중에게 전달할 능력 역시 갖추게 되었습니다.

물론 디지털 미디어 시대라도 언어 장벽은 그대로 존재하기 때문에 모든 사람이 미디어 공공외교에 참여할 수 있는 것은 아니지만, 적어도 그 수단을 가지게 됨으로써 시민 중심의 미디어 공공외교가 가능해졌다고 볼 수 있습니다. 하지만 또 다른 측면에서 보면 이제 뉴스 전달 영역에서의 주도권은 수신자들이 가지고 있는지 모릅니다. TV 채널이 KBS만 존재하고 뉴스도 KBS로만 보아야 했던 1960년대와는 달리 이제 우리는 TV, 케이블, 인터넷상에서의 소셜미디어 등등 내가 원하는 뉴스를 선택해서 듣거나 볼 수 있습니다. 따라서 미디어가 공공외교의 최상의 수단이라는 사실 자체가 더는 성립하지 않을 수도 있습니다. 이것이 디지털 미디어 시대에 미디어 공공외교가 직면한 도전이라 할 수 있습니다. 이제 국가가 뉴스 제작권을 통제하고 뉴스 내용을 선별하여 전달하고 싶은 뉴스만을 내보내는 권력을 갖기 어렵기 때문에 미디어의 공공외교 수단으로서의 영향력이나 가치 또한 감소한 것으로 보입니다. 중국의 언론 매체나 관제 유튜버들이 아무리 중국의 코로나바이러스에 대한 대응을 긍정적으로 평가하는 콘텐츠를 올리더라도 국내외의 수많은 개인들이 중국의 대처가 부적절했다고 지적하는 콘텐츠를 올린다면 긍정적인 콘텐츠의 효과는 떨어질 수밖에 없습니다. 그런 콘텐츠는 공공외교라는 측면에서 더는 효과적인 수단이 될 수 없는 것이지요.

이러한 점은 우리가 미디어 공공외교를 수행할 때 반드시 명심해야 될 부분입니다. 첫째, 미디어는 예전처럼 만능도 아니고, 그 효과가 매우 뛰어난 것은 아니라는 점을 인식해야 합니다. 예전의 뉴스나 방송 미디어에는 반론이나 대안적 시각을 제시하기가 사실상 불가능했습니다. 일반 대중이 그 진위에 대해 검증할 수 있는 방법도 없었고요. 그래서 미디어가 공공외교의 괜찮은 수단이었을 것입니다. 그러나 디지털 미디어 시대에는 사실상 모든 사람이 자신의 미디어를 소유하고 있기 때문에 효과적으로 어떠한 콘텐츠에 대해 반박 또는 검증하거나, 대안적 의견을 제시할 수 있게 되었습니다. 상황이 이렇다 보니 미디어를 활용한 공공외교 예산의 효율성을 다시 한번 점검해 봐야 할 시점이라고 생각합니다. 다만 자유언론이 존재하지 않고 폐쇄적인 나라를 상대로 하는 공공외교에서는 뉴미디어를 비롯한 미디어/디지털 외교의 중요성이 여전히 큰 것이 사실입니다.

뉴미디어 시대에 소셜미디어를 적극 활용하는 것은 일반 대중만이 아닙니다. 세계 각국의 지도자들이 소셜미디어를 통해 국내외 대중에게 자신이 전달하고 싶은 메시지를 전달하며 미디어 공공외교를 활발히 펼치고 있습니다. 우리나라의 문재인 대통령은 물론이고 미국의 트럼프 대통령 등 주요 국가의 지도자들이 트위터나 페이스북 등을 통해 세계 대중과 소통합니다. 이러한 경향은 타국의 최고 정책결정자와 대중이 직접 교류한다는 측면에서(물론 쌍방향이라기보다는 일방향이지만) 의미가 있습니다. 공공외교 측면에서도 국가 정상의 메시지는 공신력과 신뢰도가 높기 때문에 그 효과도 클 수 있습니다. 하지만 미국의 트럼프 대통령처럼 부적절한 내용이나 잘못된 정보를 소셜미디어에 게시하는 경우 그 부작용 또한 엄청납니다.

무엇보다 일반 대중이 미디어를 소유하고 벌이는 1인 미디어 공공외교는 정보의 정확도와 신뢰도 면에서 문제의 소지가 있습니다. 첫째, 본인 이외에는 그 정보를 사전에 검토하지 못하기 때문에 고의로 잘못된 정보를 전달한다 해도 막을 방법이 없습니다. 이러한 경향이 예상치 못한 부정적 결과를 가져올 수도 있습니다. 실제로 테러단체나 극단적 이념 단체들이 소셜미디어를 활용해 젊은이들에게 왜곡된 정보를 퍼뜨리고 선동해 자신들의 조직원으로 충원하는 일들은 그 같은 위험성을 잘 보여줍니다.

둘째, 정부의 미디어 공공외교 내용과 상반되는, 대중 주도의 미디어 공공외교가 동시에 진행될 수 있다는 점입니다. 사이버스페이스에서 개인이 가지고 있는 계정의 포스팅과 정부의 공식 포스팅은 전파력이나 설득력에서 차이가 있을 수 없습니다. 어쩌면 정부 포스팅보다 팔로워가 더 많은 개인이나 집단의 포스팅들이 더 많은 조회수와 파급력을 가질 수 있습니다. 종종 정부의 공식 입장이나 사안 해석이 영향력 있는 개인들의 입장이나 해석과 상반될 경우 대중은 혼란을 느낍니다. 이러한 경향은 정부의 언론통제나 소셜미디어 통제가 강한 나라에서 종종 발견됩니다.

셋째, 정부가 뉴미디어를 통한 공공외교를 악용하는 경우입니다. 일례로 미국 대외정책연구소(The Foreign Policy Research Institute)에 따르면 러시아는 2016년 미국 대선, 독일 총선 등에서 가짜 뉴스를 소셜미디어 공간에 퍼뜨려 해당 국가의 국내정치에 개입했다고 합니다. 이것은 사실 확인이 안 된 루머들을 공유하는 개인 사용자들의 행위가 아니라 국가 기관의 조직적 활동이므로 매우 심각한 문제라고 할 수 있습니다.

미디어 공공외교에 대한 이야기를 마치기 전에, 우리가 지금까지 효과적인 국제방송 등을 소유할 수 있는 강대국의 사례만 이야기했다는 점을 강조하고자 합니다. 모든 나라가 국제 미디어를 소유하여 다양한 언어로 세계의 시청자, 청취자들에게 접근할 수 있는 것은 아닙니다. 뉴미디어가 등장하면서 이처럼 기울어진 운동장이 조금은 평평해졌지만, 오랜 경험과 노하우, 경제적 자원을 가진 나라들은 소셜미디어의 시대라는 새로운 운동장에서도 유리한 위치에 있습니다. 미디어 약소국들이 이러한 어려움을 극복할 수 있는 방법은 기존의 국제적 미디어들을 잘 활용하는 것입니다. 국제 미디어들은 높은 수준의 인지도와 영향력, 세계적인 취재망이 있기 때문에, 이를 잘 활용하면 자신이 전달하고자 하는 메시지를 전 세계로 내보낼 수 있습니다. 따라서 많은 나라들이 미디어 공공외교의 방법으로서 언론인의 취재 투어(reporting tour), 언론인 레지던트 프로그램(residence program), 언론인 연수, 방문 프로그램 등을 적극적으로 활용하고 있습니다.

제 개인적인 기억으로 1988년 미국의 팬암 항공기 테러 사건 이후, 미국이 배후로 지목된 리비아에 경제제재를 가해 리비아는 심각한 경제난을 겪습니다. 리비아는 결백을 주장하며 미국의 경제제재가 어린이와 임산부, 여성들을 포함한 무고한 자국민들에게 끔찍한 피해를 주고 있다는 것을 알리기 위해 서방의 기자들과 여론 주도층을 초청해 경제제재로 인한 참상을 보여준 적이 있었습니다. 리비아가 서방의 주요 글로벌 미디어를 활용한 것으로서 미디어 공공외교의 일환으로 볼 수 있습니다. 이러한 전략은 단지 미디어 약소국에게만 중요한 것이 아니라 미국 같은 미디어 강국들에게도 중요합니다.

2. 미디어 공공외교의 주체: 국제방송

미디어 공공외교의 핵심은 언론과 방송입니다. 그중에서도 해외로 송출하는 국제방송의 역할이 매우 중요합니다. 해외에 있는 수용자를 대상으로 실시하는 초국경 방송을 일반적으로 국제방송이라고 합니다. 20세기 초반에 등장한 국제방송은 식민지의 효율적 경영을 위해 자국의 정보와 정책을 전달하고, 우호적 이미지를 높이기 위한 선전 수단으로 시작했다고 합니다. 네덜란드의 라디오 네덜란드 월드와이드(RNW: Radio Nederland Wereldomroep)에 의해 최초로 시작된 국제방송은 영국, 독일, 프랑스, 미국 등 서구 식민제국에서 잇달아 설립되었고, 아시아에서는 일본이 1935년 처음으로 단파 라디오 국제방송을 시작했습니다. 냉전이 끝나고 지구화가 빠르게 진행되면서 국제방송은 국제 친선과 문화교류의 공공외교 수단으로 확장되었고, 1990년대 이후 중국, 한국, 호주 등 국제방송을 적극 활용하는 국가들이 증가했습니다.

한국의 경우 국제방송은 그 목적과 대상에 따라 국가 홍보 차원의 해외홍보방송, 해외상업방송, 해외한국어방송의 3가지 유형으로 구분할 수 있습니다. 해외홍보방송은 국내 방송 서비스와는 대상, 목적, 시장의 특성에서 상이한 방송입니다. 방송 대상은 자국민이 아니라 해외의 외국인 또는 국내 거주 외국인이 주 대상이며, 모국어를 배우지 못한 교포 2, 3세도 그 대상입니다. 또한 방송의 목적은 방송 프로그램의 판매를 통한 수익 창출이 아니라 국가의 이미지 증진이며, 따라서 프로그램 판매와 광고 판매가 적극적으로 이루어지기 어려운 특수 목적의 방송 서비스입니다. 한국의 경우는 KBS 월드 라디오와 아리랑TV가 여기에 속합니다. 이와 달리 KBS 월드(KBS World)는 이윤 확대와 자사의 브랜드 인지도 향상을 위해 자사 채널과 방송 프로그램을 해외에 판매·보급하는 데에 목적이 있는 해외상업방송에 속합니다.

해외홍보방송의 주된 효과는 국가 홍보와 국제정치적 선전 수단으로 활용할 수 있다는 것입니다 (방송위원회, 2004). 국가와 관련된 영상 정보를 해외로 발신함으로써 국제사회에서 국가의 위상을 강화하고, 국가의 총체적인 이미지를 제고하며, 국가 간에 이해가 충돌되는 문제에 대해서는 국익 실현을 위해 목소리를 낼 수 있습니다. 세계가 단일시장으로 통합되는 시대에는 국가 이미지가 곧 국가경쟁력이며, 해외홍보방송을 통한 국가 브랜드 이미지 제고는 국내 기업의 해외 경쟁력 강화에 기여할 수 있습니다. 또한 해외홍보방송은 자국의 언어와 문화를 지구촌에 전파함으로써 자문화에 접촉할 기회를 제공하고, 외국인의 자국에 대한 긍정적인 태도와 문화적 친화력을 강화하는 데에 기여할 수 있습니다. 부수적으로 해외동포들에게 신속·정확한 정보를 체계적이고 지속적으로 제공함으로써 조국에 대한 이해를 돕고, 민족정체성과 공동체 의식을 유지·강화하며 민족적 자긍심을 고취시킬 수도 있습니다.

해외홍보방송은 단순히 국내에서 제작된 프로그램을 재전송하는 것이 아니라 국가 브랜드 이미지 형성에 핵심적인 역할을 함으로써 세계에 자국을 알리는 가장 효과적인 통로가 될 수 있습니다. 즉, 세계와 국내를 연결하는 가교 역할을 할 수 있고, 세계적인 이슈와 관심사에 대한 자국의 시각을 반영할 수 있습니다. 또한 해외홍보에 적합하도록 제작된 프로그램을 통해 장기적이고 일관된 국가 홍보 방송의 역할을 수행함으로써 국제무대에서의 국가브랜드 이미지 제고와 경쟁력 강화에 기여할 수 있습니다. 정부의 포털이라 할 수 있는 해외홍보방송은 긍정적인 국가 브랜드 이미지 형성하여 외국인들의 반응을 이끌어낼 수 있는 전략적 매체입니다.

해외홍보방송과는 다르지만, 한국은 KBS 월드라는 국제방송사를 가지고 있습니다. KBS 월드는 한국방송공사에서 운영·방송하는 국제 위성 방송 서비스입니다. KBS 월드의 역사는 꽤 깁니다. 1953년 시작된

〈자유 대한의 소리(The Voice of Free Korea)〉가 KBS 월드의 시작으로 볼수 있습니다. 이 방송은 외국어 라디오 방송으로, 전쟁이 끝난 이후 분단된 상황에서 국내에 거주하는 외국인들에게 대한민국을 홍보·선전하기 위한 목적으로 시작된 것입니다. 1968년에 서울중앙방송국, 서울텔레비전방송국 등과 함께 서울국제방송국이 통폐합되어 중앙방송국이 되었고, 1973년 정부 산하 문화공보부 소속에서 한국방송공사로 독립하면서 1973년 3월 라디오 코리아(Radio Korea)로 이름이 바뀌었고, 그 후 1994년 8월 라디오 코리아 인터내셔널(Radio Korea International)로 바뀌었다가 2005년 3월 KBS 월드 라디오(KBS World Radio)로 바뀌어 지금까지 이어지고 있습니다.

TV 국제방송은 그보다 훨씬 뒤에 등장합니다. 2003년 7월 1일 KBS가 해외 거주 동포와 현지 외국인을 대상으로 뉴스, 드라마, 교양, 오락 등 KBS가 제작한 프로그램을 종합 편성한 KBS 월드 TV를 개국했습니다. KBS는 2001년 'TV코리아(TV Korea)'를 개국해 해외 교민을 대상으로 국제방송을 시작했고, 이것이 KBS 월드 설립에 중요한 기반을 제공합니다. 현재 공영방송 KBS가 운영하는 국제방송 KBS 월드는 KBS 월드 라디오, KBS 월드 TV, 북한을 포함해 특정 지역 재외동포를 대상으로 하는 라디오방송인 'KBS한민족방송'으로 구성되어 있습니다.

해외홍보방송의 성격을 띤 KBS 월드 라디오는 첫째, 한국의 정치·경제·사회·문화 등 각 분야에 대한 뉴스와 정보 제공, 둘째, 국내외 주요 현안에 대한 한국의 시각 전달, 셋째, 한반도 평화 정착과 남북문제에 관한 한국의 입장 전달, 넷째, 세계 각국과의 상호 친선 및 문화교류, 다섯째, 700만 재외동포의 민족 공동체 의식 함양, 여섯째, 재해 발생 시 해외 거주 한국인에 대한 정보 제공을 목표로 합니다.

이와 달리 2003년 개국 당시 KBS 월드가 설정한 목적은 KBS 월드를 통해 한민족 네트워크를 구성하고, 한국을 대표하는 국제방송사로서 KBS의 위상을 높이며, 한류 열풍 확산과 해외 방송 시장 진출을 위한 국제용 TV 채널로서 새로운 방송 콘텐츠 시장을 개척하는 것이었습니다 (황우섭, 2003). 즉, 전통적으로 국제방송들이 내세우는 국가 친선, 문화교류, 국책 홍보보다는 해외동포를 하나로 묶고, 한류 확산을 위한 시장 개척에 더 큰 의미를 부여했던 것입니다. 그러나 해외에서 한류에 대한 관심이 폭발하면서 문화 전파를 통한 한국의 인지도 상승과 인식 개선 등이 이루어지면서, 해외상업방송인 KBS 월드 TV 내용들이 최근의 공공외교 트렌드에 더 잘 맞는다고 평가할 수 있을 듯합니다.

KBS 월드는 KBS가 국내 텔레비전에 방송한 프로그램을 제공받습니다. 주로 한국어로 방송되지만, 영어와 중국어 자막을 제공하는 경우도 있습니다. 또한 KBS 자회사들이 제공하는 두 가지 별도의 서비스도 있습니다. KBS 재팬(KBS Japan)이 일본인 시청자들을 대상으로 제공하는 KBS 월드 일본어판과 KBS 아메리카(KBS America)가 북미·남미의 시청자를 대상으로 제공하는 KBS 월드 미국판이 그것입니다.

KBS 월드24는 해외에 사는 한인들을 위한 한국 방송으로, 뉴스와 KBS1 채널의 교양 정보 프로그램, 과거 인기 있던 예능 및 드라마로 구성됩니다. 문성현 교수가 제시한 자료에 따르면 117개국 6500만 가구가 KBS 월드TV를 시청하며, 시청자 수는 약 2억 6000만 명으로 추산됩니다. 주요 거점 국가인 미국과 일본이 각각 843만 가구와 443만 가구이며, 중동 지역이 2000만 가구로 1990만 가구의 아시아 지역보다 약간 많습니다. 2005년 11개국 450만 가구였던 KBS 월드TV의 시청 가구 수는 불과 12년 만에 117개국 6500만 가구로 비약적으로 증가했습니다. KBS 월드TV의 프로그램은 현지 언어 자막을 넣어 제공합니다. 현재 영어, 일본어, 중국어, 말레이어, 인도네시아어, 베트남어, 태국어 등 7개 국어 자막 서비스가 제공되고 있습니다. 자막 편성 비율을 보면 영어 95%, 일본어 89%, 중국어 27%이고, 나머지 언어는 10% 이하입니다(문성현, 2018).

해외홍보방송 중 또 하나의 축은 아리랑TV가 담당하고 있습니다. 아리랑TV의 설립 배경은 한국 정부가 1995년 7월에 발표했던 「선진방송 5개년 계획」 안에서 찾을 수 있습니다. 여기에는 "국가이미지를 고양시키기 위하여 외국을 대상으로 하는 국제 위성방송을 적극적으로 진행시켜 나가는 것"이 중요 과제로 포함되어 있습니다. 1996년에 설립된 아리랑TV의 주요 목표는 한국의 정책과 문화 등을 TV와 라디오를 통해서 전 세계에 전달하는 것이었습니다. 이듬해인 1997년 2월 3일에는 우선 국내에 체류 중인 외국인을 시청 대상으로 한 케이블 TV 외국어 방송 채널로서 아리랑 TV를 개국했습니다.

그러나 1997년, 1998년 경제위기로 인해 1998년 10월 22일이 되어서야 아리랑TV는 문화관광부에 의한 해외홍보방송의 운영 주체로 지정을 받았고, 1999년부터 본격적으로 경기가 회복되며 아시아·태평양 지역을 대상으로 한 국제방송을 개시했습니다. 2000년부터 유럽과 미국으로 시청 범위를 넓혔으며 2004년부터는 아랍어 방송 아리랑 아랍(Arirang Arab)을 시작했습니다. 아리랑 방송에 따르면 현재 전 세계 약 1억 1300만 수신 가구가 아리랑TV를 시청하고 있다고 합니다. 김유경 외(2013)에 따르면 아리랑 방송이 생기면서 한류를 전 세계에 확산시킬 수 있는 채널을 확보하게 된 것이며, 특히 한국에 대한 정확한 정보를 제공할 수 있는 공식적인 채널이라는 점에서 가치가 크다고 합니다.

KBS월드의 기능이 변화하면서 아리랑TV와 KBS월드의 기능이 중복되고 그것은 곧 재원 중복을 의미하므로 이러한 비효율을 해결해야 한다는 지적이 있어 왔습니다. 지금까지 KBS월드와 아리랑TV를 통폐합, 아리랑TV 정상화 혹은 강화 등의 안들이 나왔지만 전문가들의 이견, 정부 소관 부처 간 이견, 국회의 지지부진한 입법 논의, 정부 재원 확보 방안, 아리랑TV의 급속한 경영 악화 등으로 진전을 보지 못하고 있습니다.

마지막으로 방송매체들을 통한 한국의 미디어 공공외교는 중요한 분기점에 와 있다고 볼 수 있습니다. 소셜미디어와 유튜브 같은 뉴미디어들이 기존의 방송미디어의 역할을 상당 부분 대체하고 있기 때문입니다. 따라서 새로운 미디어 환경을 반영한 새로운 공공외교 전략이 필요한 시점입니다.

3. 한국 외교부의 디지털 공공외교

최근 들어 한국 외교부도 뉴미디어를 활용한 디지털 공공외교에 힘을 기울이고 있습니다. 특히 코로나19 사태가 발생하면서 한국의 방역 경험에 대한 관심이 높아지자 이를 선전하는 디지털 콘텐츠들을 만들어 활용하고 있습니다.

예를 들어 외교부는 '스테이 스트롱(Stay Strong)' 캠페인을 벌였습니다. 이것은 외교부가 주관하고 강경화 장관이 시작한 것으로, 코로나19 사태를 맞아 의료진을 비롯한 모두가 힘든 상황에 힘을 내자며 서로를 응원하는 릴레이 캠페인입니다. '스테이 스트롱' 로고가 담긴 팻말을 든 사진을 찍어 소셜미디어에 올리고 다음 주자 세 명을 지목하는 방식으로 진행됐습니다. 이 캠페인에는 주한 미국 대사인 해리 해리스(Harry

Harris) 대사 등 외교사절들도 참여했습니다. 또, 인기 TV 교양프로그램 〈비정상회담〉의 각국 대표가 코로나19 극복을 바라며 모두가 힘내자는 메시지를 담은 동영상을 만들어 유튜브를 통해 공개했습니다.

외교부가 제작한 또 다른 디지털 콘텐츠로는 '포스트 코로나19: 해외 석학에게 듣는다(MOFA insight series)'가 있는데, 마이클 샌델(Michael Sandel), 자크 아탈리(Jacques Attali), 기 소르망(Guy Sorman), 스티븐 월트(Stephen Walt) 등 저명한 학자들이 출현해 코로나19 이후의 세계를 전망합니다. 이와 같은 디지털 공공외교는 한국이 세계적 위기 상황과 그 이후 세계에 대한 지식 콘텐츠를 생산해 세계와 공유함으로써, 글로벌 문제에 대한 한국의 헌신과 노력을 보여준다는 데 의미가 있습니다.

4. 디지털 공공외교 사례: 반크

조금은 어색한 영어 이름의 첫 글자를 딴 반크(VANK: Voluntary Agency Network of Korea)는 1999년에 만들어져 인터넷상에서 세계인들에게 한국을 알리는 활동을 하는 디지털 공공외교 단체입니다. 반크의 활동 방법은 크게 세 가지로 나누어볼 수 있습니다.

첫째, 인터넷상에서 일반인들을 '사이버 외교관'으로 양성해 전 세계인들에게 한국을 바르게 알리는 활동을 하는 것입니다(사이버 외교관 양성 프로젝트). 20만 명의 사이버 외교관을 양성하고 이들이 각각 외국인 다섯 명과 친구가 되어 그들에게 한국을 정확히 알리고 우리의 매력을 소개함으로써 100만 명의 한국의 친구를 만드는 프로젝트입니다. 이뿐 아니라 다른 나라에서 한국에 대한 잘못된 정보를 접했을 때 그것들을 바로잡기 위한 활동을 합니다. 둘째, 유학, 해외 어학연수, 배낭여행 등 해외로 나가고자 하는 한국 청년들을 홍보대사로 양성해 한국을 알리는 활동을 전개합니다(21세기 꿈날개 프로젝트). 셋째, 720만 재외동포들을 한국을 대표하는 민간 외교관으로 양성해 전 세계인과 교류하고 한국을 매력적인 나라로 인식시키는 활동을 합니다.

반크의 몇 가지 프로젝트를 소개해 보겠습니다.

① 21C 이순신 오류시정 프로젝트[3]

해외 교과서, 백과사전, 웹사이트 등에서 동해, 독도, 한국 역사 관련 오류를 찾아 시정하는 활동을 합니다. 이 사이트에서는 세계 곳곳에서 잘못 알려진 한국 관련 내용을 소개하고, 오류를 시정하는 방법 등을 제시하고 있습니다.

② 프렌들리 코리아 커뮤니티[4]

프렌들리 코리아 커뮤니티(Friendly Korea Community)는 한국에 관심 있는 전 세계 외국인들을 위한 커뮤니티입니다. 이 사이트는 한국의 드라마, 노래, 영화, 역사 등에 관심 있는 외국인이면 누구나 가입할 수 있으며, 한국의 콘텐츠들을 즐기고 한국인들과 교류할 수 있는 장을 제공합니다.

---

3) http://Korea.prkorea.com
4) http://chingu.prkorea.com

③ 독도, 일본군 위안부 해외홍보[5]

이 사이트는 독도와 일본군 위안부 문제와 관련된 잘못된 정보를 바로잡고, 이 문제를 세계인에게 이해시키는 데 필요한 정보를 제공합니다.

④ 독립을 위해 싸운 숨은 영웅[6]

독립을 위해 싸운 숨은 영웅(The Unsung Heroes who fought for Independence)은 한국의 독립운동가들을 소개하고 있습니다. 독립선언서와 한국 독립운동가 12명의 정보를 영어·스페인어·프랑스어 등으로 번역해 싣고 있으며, ≪뉴욕타임스(New York Times)≫ 등 해외 언론에 소개된 3·1운동 관련 기사, 안중근 의사의 삶과 사상, 유관순 열사에 대한 기록 등을 소개하고 있습니다.

⑤ 왜 일본해가 아닌 동해인가[7]

왜 일본해가 아닌 동해인가(Why is East Sea not the Sea of Japan)는 한국의 입장을 단순히 주장하는 것이 아니라 외국인의 관점에서 왜 일본해라는 표기가 국제적 표준에 적합하지 않고 동해라는 표기가 정당한지 소개합니다. 특히 동해라는 표기의 국제적 보편성, 역사성을 알기 쉽게 소개하며 일본해가 일본 제국주의의 산물임을 설명합니다.

---

5) http://maywespeak.com
6) http://peacemaker.prkorea.com
7) http://whyeastsea.prkorea.com

⑥ 코로나19 대응 글로벌 홍보 사이트, 코비드19[8)]

　이 사이트는 코로나19 사태에 대한 한국의 대처 과정과 노력을 전 세계에 바로 알리려는 목표로 개설한 것입니다. 한국의 빠르고 과학적인 검진 과정과 투명하고 정확한 정보 공개 등을 각국 언어로 소개하고 있습니다.

---

8) http://covid19.prkorea.com/english/

제8장

기여공공외교

1. 기여공공외교의 이해

기여공공외교는 국가가 국제사회에 기여하여 자국의 이미지와 호감도를 높이는 것을 목표합니다. 따라서 자기 나라를 홍보하는 것이 중심이 되었던 문화외교, 지식외교, 정책외교와는 다른 차원의 공공외교입니다. 기여공공외교라는 명칭 역시 한국에서 만든 용어라는 생각이 드는데요, 다양한 국제사회 기여 활동을 수단으로 하는 공공외교를 기여공공외교라는 큰 개념으로 묶어놓은 것 같습니다.

국가들의 세계 기여는 여러 가지 영역에서 이루어집니다. 개발협력 분야에서의 활동을 통해 저개발국의 경제발전을 지원하는 세계 기여, 평화유지활동을 통한 평화기여외교 등을 생각할 수 있습니다. 이러한 활동을 학자에 따라 군사기여외교라고 하거나 안보공공외교로 부르기도 합니다. 무엇이라고 하든 핵심은 우리의 군사적 자원을 통해 특정 국가, 특정 지역의 평화와 안정에 기여하는 것입니다. 그 외에도 국가들의 특성에 따라 다양한 기여공공외교를 할 수 있을 것입니다.

예를 들어 쿠바와 같이 의료 분야가 발달한 나라는 자국의 의료 인력을 의료 위기가 발생한 곳에 파견하는 등 의료공공외교를 활발히 벌이고 있습니다. 쿠바는 인구당 의사 수가 세계 최대입니다. 최근에도 2020년 발생한 코로나19 사태를 맞아 의료진을 파견하며 위기에 처한 나라들을 돕고 있습니다. 유럽 최대 피해국인 이탈리아에 50명의 의료진을 파견했고, 이웃나라인 남미 온두라스에도 의료진을 파견했습니다. 쿠바는 2010년 아이티의 콜레라와 2014년 서아프리카에 에볼라가 창궐했을 때도 의료진을 파견했습니다. 한국 또한 코로나19 사태를 맞아 우리의 위기 극복 노하우와 의료 데이터 등을 다른 나라와 공유하며 활발히 활동한 바 있습니다. 한국의 코로나 의료공공외교에 관해서는 사례연구를 통해 자세히 다루도록 하겠습니다.

기여공공외교는 공공외교 발전 역사에서 보면, 저의 표현으로 '공공외교 3.0'에 해당하는 영역입니다. 제가 말하는 공공외교 3.0은 자국의 직접적 이익을 위한 공공외교가 아닌, 지구촌의 현안이나 어려움 등을 돕는 활동을 함으로써 국격을 높이고 국가의 이미지, 브랜드를 만드는 형태의 공공외교를 말합니다. 동남아시아나 남미의 저개발국가에 공적개발원조를 제공하여 인프라 건설을 지원한다거나, 평화유지활동을 위해 레바논에 우리 병력을 파병하는 일이 우리나라에 직접적으로 이익을 주지는 않습니다. 그럼에도 불구하고 우리나라를 비롯해 많은 나라들이 이러한 기여 활동에 나서고 있습니다. 북유럽의 작은 나라들이 아프리카 난민들을 적극적으로 수용하고 이들을 지원하는 것에 굳이 이름을 붙이자면 난민공공외교, 인권공공외교 등으로 부를 수 있을 것입니다.

여기서 우리가 생각해 보아야 할 것은 자국을 위한 것이 아닌, 남을 위한 행위인 '기여'를 국익 증진을 전제로 하는 공공외교의 수단으로 사용하는 것이 과연 바람직하냐는 문제입니다. 우리가 반대급부에 대한 어떤 생각 없이 다른 나라의 어려움을 돕는다면 문제될 것이 없지만, 전략을 세워 효과가 가장 극대화될 분야와 상대를 선정해 공공외교를 한다면, 그것은 '기여'라는 말을 써서는 안 되는 활동이 아닐까요? 그러나 이 문제는 간단히 답하기 어려운 사안입니다.

어떤 국가의 세계 기여 활동에 기여 이외의 다른 의도가 들어 있는지를 정확히 판단하기는 어렵습니다. 물론 여기서 좋은 이미지, 괜찮은 국가브랜드로 인식되는 정도의 이익까지도 배제해야 한다는 주장은 무리라고 생각합니다. 의도하지 않았더라도 그 정도의 부가적 이익은 자연스럽게 따라올 수 있는 것이니까요. 아마도 기여공공외교를 계획하는 단계에서부터 국가의 구체적 이익들(자국 기업의 진출, 무기 판매, 영향력 확대 등)을 염두에 두었다면 '기여'라는 표현이 적절치 않을 수 있습니다.

현실주의적 국제정치관에서 보자면 사실 모든 국가의 행동은 국가이익 추구라는 목적성이 있으므로, 기여공공외교도 중장기적 국가이익을 염두에 둔 외교 행위에 가깝다고 할 수 있을 것입니다. 어쨌든 기여공공외교라는 개념은 편의상 만든 용어이니 너무 복잡하게 생각하지 않아도 되지 않을까요?

2. 기여공공외교의 사례

1) 개발협력 기여공공외교

개발협력은 '원조'를 일컫는 '정치적으로 옳은(politically correct)' 용어입니다. 누군가를 지원한다는 의미인 원조는 공여국 입장을 반영한 단어로, 수원국(받는 나라)의 입장에서는 자존심이 상하거나 부끄러움을 불러일으키는 단어일 수 있습니다. 국제사회에서는 수원국들의 입장을 고려해 개발협력이라는 용어를 사용하고 있습니다. 이 이야기는 원조의 복잡성을 잘 보여줍니다. 가난한 나라를 도와주는 것은 그리 단순한 일이 아닙니다. 개발협력은 남을 도와주는 좋은 일이지만, 예전부터 이 국가 행위의 의도에 대해 많은 논란이 있어왔습니다. 대체로 선진국들은 원조라는 수단을 자신의 정치적·경제적 이익을 위해 활용해 왔기 때문입니다. 근대 원조의 기원이라고 평가되는 영국의 '식민지발전법'(1929)은 영국의 국내 실업문제를 해결하고 자국 산업을 활성화하려는 경제적 이익이 상당 부분 고려되었습니다. 미국 트루먼 정부의 포인트 포(The Point Four) 프로그램 역시 공산주의 확산을 막으려는 봉쇄정책의 일환으로 추진되었습니다.

이와 같은 원조의 이중적 성격 때문에 '개발협력' 커뮤니티에서는 바람직한 원조 방향을 제시하여 원조국이 그러한 방향으로 원조를 시행할 것을 권고하고 있습니다. 양자 간 원조보다는 다자적 원조, 구속성 원조보다는 비구속적 원조, 유상원조보다는 무상원조, 그리고 단순한 자금 지원을 넘어서서 수원국의 사회발전을 위한 개혁적 의제들(여성의 권한 강화, 인권개선에 도움이 되는 원조 등)을 포함하는 원조들을 제시합니다. 구속성 원조는 원조한 돈이 어떤 곳에 사용되어야 한다고 제한하는 원조를 말하며, 유상원조는 이율은 낮더라도 이자를 지불해야 하는 차관 형태의 원조입니다.

기여공공외교의 측면에서 보자면 모든 개발협력이 공공외교적 기능을 한다고 보는 게 옳을 것입니다. 하지만 자국 기업의 이익과 연계되거나, 원조 공여국을 명시함으로써 무형의 반대급부를 바라는 원조들은

'기여'라는 측면이 약하기 때문에 큰 성과를 기대하기 어려울 수도 있습니다. 이런 측면에서 북유럽의 원조 모범생들은 '기여'라는 이름을 붙일수 있는 원조를 시행하고 있는 것으로 보이며, 이는 공공외교로서도 상당히 효과적이라 할 수 있을 것입니다.

제임스 파먼트(James Pamment)는 공공외교와 개발협력이 상당한 공통점을 가지고 있다고 말합니다. 이들의 공통점은 첫째, 물질적 또는 비물질적 자원의 투자 및 전달을 수반하고, 둘째, 공익을 위한 공동의 관심과 목표를 추구하며, 셋째, 관계 구축, 참여, 시민사회와의 협력을 수반하고, 넷째, 기존의 전통적 외교를 보완·발전시키고 보다 폭넓은 대중을목표로 하며, 다섯째, 직접적 또는 간접적으로 대중의 생각·행동·공동체에 영향을 미친다는 것입니다(Pamment, 2016).

공적개발원조와 공공외교는 서로를 보완·강화합니다. 공적개발원조는 공공외교 수단 중 하나인 동시에 공공외교의 효과를 높이는 역할을하기도 합니다. 또한 공공외교는 원조 활동에 대한 국가 브랜드를 형성하고 마케팅과 홍보 역할을 함으로써 수원국 대중과 이해관계자들이 공여국 원조 행위자들을 좀 더 긍정적으로 인식하게끔 하는 역할을 합니다. 그러므로 공공외교 담당자들과 원조 담당 기관의 전문가들은 긴밀한 커뮤니케이션을 유지하는 것이 매우 중요합니다.

2) 한국의 개발협력 기여공공외교

북유럽의 개발협력 선진국과 비교하면 한국의 개발협력은 상당히외교전략적 성격이 강한 것으로 보입니다. 그러므로 우리나라의 '개발협력' 커뮤니티는 한국의 개발협력을 대해 상당히 비판적으로 평가합니다.

어떤 목적을 가지고 하는 원조라는 비판이지요. 우리 원조에 대한 지적은 다음과 같습니다. 첫째, 그 액수가 우리의 경제 규모에 비해 턱없이 적다는 것입니다. OECD DAC(Development Assistance Committee)가 권고하는 GNI 대비 0.7%는 불가능한 목표이지만, OECD 평균치인 0.3% 정도는 현실적인 목표로 삼아 노력해야 할 것입니다. 하지만 현재 상황은 GNI 대비 0.15%(2019년 통계)를 넘지 못하고 있습니다. 한국은 0.25%를 목표로 제시하고 노력 중에 있지만, 목표 달성에 대해서는 회의적입니다.

둘째, 원조의 질을 평가하는 구속성/비구속성 원조 비율을 보면 무상원조 중 48%가 구속성 원조로서 선진 공여국에 비해 월등히 높습니다. 무상원조가 65%, 유상원조가 35% 정도의 비율로, 수원국의 채무로 간주되는 유상원조 비중이 너무 높습니다. 누가 주었는지 꼬리표를 다는 양자원조 비율도 75.5%에 육박합니다(2019년 통계). 양자원조는 다자원조에 비해 원조 제공 결정에 공여국과 수원국의 관계가 많이 고려됩니다. 수원국은 누가 주는 원조인지 알고 있고, 공여자도 원조의 주체가 누구인지 알기를 바라기 때문에 양자원조 방식을 택하는 것입니다. 미국이 중동 국가에 주는 원조나 중국이 아프리카에 제공하는 원조가 여기에 속합니다. 이에 비해 다자원조의 경우는 국제기구나 국제 NGO 등에 원조를 제공하므로, 이 돈이 어느 나라에 제공될지는 공여국으로서는 소관 밖의 일이 됩니다. 국제기구가 객관적 판단에 따라 대상국을 결정해 제공하기 때문에 수원국은 이 돈이 어느 나라에서 왔는지 알 수 없고, 공여국도 원조를 제공하면서 반대급부를 기대할 수 없습니다.

우리나라는 공적개발원조 대상국 리스트가 정해져 있습니다. 경제적 수준이 가장 중요한 기준이겠지만, 그 정확한 기준은 공개하지 않고 있습니다. 현재 대상국을 보면 지역적으로 아시아가 50% 정도를 차지하며, 아프리카 26.6%, 중남미가 9.6% 정도입니다. 특히 아세안 지역은 중점 협력 대상국으로서 한국의 대외무상원조 10대 수원국 중 7개 국가가 아세안 국가입니다. 이 중 베트남이 최대 수원국인데, 과연 베트남이 우리의 원조가 가장 필요한 나라인지는 선뜻 대답하기 어렵습니다. 동남아시아에는 훨씬 더 빈곤한 국가들이 있기 때문입니다. 이러한 이유로 개발협력 커뮤니티에서는 한국의 원조가 국가 외교정책의 도구적 성격이 강하고, 이러한 것을 바로잡아 북유럽형 원조 모델로 발전해 나가야 한다고 권고합니다.

한국은 원조 액수 기준으로 29개 DAC 회원국 중 15위의 원조 공여국으로, 계속 원조 액을 늘려가고 있습니다. 그러나 이러한 한국의 원조가 한국 브랜드에 도움이 되는지는 모르겠습니다. 액수에서는 미국, 일본, 중국과 같은 나라에 비해 훨씬 떨어지고, 원조의 질에서는 북유럽 국가들에 못 미치기 때문에 원조를 통해 국가브랜드를 만들기는 어려워 보입니다. 그럼에도 공공외교라는 측면에서 국제 개발협력은 유용한 수단이며, 또 공공외교적 성과도 기대할 수 있기 때문에 계속 노력을 기울여야 할 분야인 것만은 분명합니다.

3) PKO 기여공공외교

공공외교는 여러 가지 수단을 활용할 수 있습니다. 여기에는 군사적 수단도 포함됩니다. 공공외교 대상이 필요로 하는 결과를 이루기 위해 군사적 수단이 활용된다면, 이는 공공외교 수단으로 기능하는 것입니다. 다시 말해 하드파워적 자산을 소프트파워적 목적으로 사용하는 것입니다. 그중에서 평화유지활동(Peace Keeping Operation, 이하 PKO)에 군사 지원을 하는 경우, 군사공공외교(혹은 평화공공외교)라는 이름을 붙여 분류합니다.

PKO는 "적대국 사이 혹은 한 국가 내의 적대적 당사자 간 분쟁을 통제하고 해결하기 위해 당사자들의 동의와 국제적인 지휘체계 아래 무장 또는 비무장의 다국적 군사 또는 비군사 요원들을 사용하는 활동"이라고 정의됩니다. 본래는 군사적 성격이 강했으나 탈냉전기에 들어오면서 다양한 목적과 형태의 PKO 활동들이 나타났습니다. 인도적 지원, 국경 확정, 선거 감시, 민간 정부 관리, 국가 및 지역 재건을 위한 활동이 늘어나고 있는 것입니다. PKO 활동들은 군사적 갈등의 복잡한 원인 때문에 발생하는 평화유지활동의 중립성 논란을 피할 수 있고, 해당 국가 대중의 삶과 직결되므로 자국의 이미지와 호감도를 증진하는 공공외교적 군사 활동으로 활용될 수 있습니다.

PKO 활동은 크게 UN이 주도하는 UN PKO 활동과 지역안보기구 혹은 미국과 같은 특정 국가가 주도하는 다국적군 평화활동으로 나눌 수 있습니다. 최근에는 재건을 지원하는 파병들도 늘어나는 추세입니다. PKO는 국제 평화를 위한 국가들의 기여 활동이지만, 사실 다양한 국가 이익을 기대할 수 있는 활동이기도 합니다. 그래서 개인적으로는 파병을 통한 PKO 활동을 기여공공외교에 포함시켜야 할지 확신하지 못합니다. 특히 파병하는 병력 수나 성격 면에서 PKO 활동이 매우 소극적이거나 체면치레 정도라면 더더욱 그렇습니다. UN PKO의 활동 비용은 유엔이 부담하며 병사들의 급료도 여기에서 지급됩니다. 빈곤 국가의 경우 병사에게 지급하는 급료가 자국 경제 사정에 비해 매우 높기 때문에, 이를 주목적으로 PKO 활동에 참여하는 경우도 많습니다.

2019년 1월 기준 유엔평화유지군을 대규모로 파병하는 나라는 에

티오피아(8420명), 방글라데시(7246명), 인도(6697명), 르완다(6498명), 파키스탄(6238명) 등 개발도상국이나 저개발국들입니다. 이 국가들은 세계평화와 안전을 위해 책임을 분담한다는 대의명분이 있기는 하지만, 유엔이 소요 경비를 전액 부담하고 인적 파병의 대가로 일인당 월 1000달러 이상의 보수를 지급하기 때문에 외화 획득과 자국 경제 활성화 수단으로 PKO 파병을 추진하고 있습니다. 물론 경제적으로 어려운 나라가 아니더라도 국익의 관점에서 볼 때 타국과의 군사적 유대를 공고히 하고, 다양한 민사작전으로 습득한 현장 경험을 통해 직간접적으로 자국 군사력을 강화할 수 있습니다. 이뿐만 아니라 전후 재건 프로그램에 자국 기업들의 참여가 유리한 환경을 조성하고, 유사시에는 역으로 국제사회로부터 군사 지원을 받을 수 있다는 현실적 이점도 있습니다. 따라서 PKO 활동은 국제무대에서 자국의 군 위상과 외교 안보 역량을 증대할 뿐 아니라, 자국민들이 글로벌 이슈에 참여할 기회와 공간을 마련할 수 있는 중요한 계기를 제공합니다. PKO 활동의 혜택이 상당하다는 의미입니다.

2000년대의 다국적군 평화활동은 미국의 군사행동을 위해 시행된 경우가 많습니다. 한국도 이러한 다국적군 평화활동에 적극 참여 중입니다. 다국적군에 의한 PKO 활동은 지역 기구 혹은 파견을 주도하는 국가가 동맹국들을 활용해 이루어지는데, 대표적인 사례로 북대서양조약기구(NATO)가 주도하는 코소보군(KFOR)이나 국제안보지원군(ISAF)의 아프가니스탄 파병 등을 들 수 있습니다. 다국적군 활동은 강대국 혹은 선진국 주도의 전투력과 우수한 무기 보유, 필요시 무력 사용이 가능하다는 점에서 자위권만 가지고 임무를 수행하는 UN PKO 활동보다 효과적입니다. 이러한 다국적 PKO 활동에는 주도국의 전략적 이해관계가 깊숙이 개입되어 있는 경우가 많습니다. 지구촌에서는 많은 분쟁이 벌어지고 있지만 강대국들이 자국의 예산을 들여 병력을 파병하는 곳은 정해져 있습니다. 자국의 경제적·전략적 이해관계 없이 국제 평화만을 목적으로 파병한다는 것을 받아들이기는 어렵습니다. 강대국들, 특히 미국이 주도하는 다국적군 파병은 인도주의를 핑계 삼은 군사적·전략적 개입이라는 비판과 반대에 직면하는 경우가 있습니다.

이러한 상황은 중국 또한 크게 다르지 않습니다. 이신화(2019)에 따르면 1980년대 말까지 중국은 UN PKO를 서구 선진국의 도구로 인식하며 비판적인 태도를 취했습니다. 그러나 1990년대에 들어서면서 중국이 적극적으로 UN PKO 활동에 참여하기 시작합니다. 1990년 군사 옵서버 다섯 명을 중동의 팔레스타인 지역 유엔정전감시기구(UNTSO: UN Truce Supervision Organization)에 처음 파견한 이래, 1992년 캄보디아의 UNTAC 임무에 최초로 군병력을 파견했고, 2000년대에 들어서는 본격적으로 부대 단위 파병을 전개해 정전 감시 및 재건 지원 등에 참여하기 시작했습니다. 현재 중국은 유엔 안보리 상임이사국 중 가장 많은 PKO 병력을 파견한 나라(2019년 기준 2512명)가 되었습니다. 그러나 중국의 PKO 활동 강화에는 자원 확보와 경제적 이득 및 세력 확장을 위한 정치적 의도가 담겨 있다는 비판도 있습니다. 예를 들어 중국이 대규모 평화유지군을 파견한 남수단(UNMISS)은 풍부한 원유 매장 국가로서 중국 국영석유회사가 합작회사의 지분 40%를 보유하고 있으며, 송유관도 운영하고 있습니다. 또한 말리(MINUSMA), 콩고민주공화국(MONUSCO), 다르푸르(UNAMID)를 비롯한 아프리카에서의 UN PKO 임무를 명분 삼아 지부티, 나미비아 등 전략적 요충지에 자국 기지를 세워 미국 패권 견제의 포석으로 삼으려 한다는 지적도 있습니다.

탈냉전기 PKO 임무의 다변화와 더불어 참여주체도 다양해지면서 NGO와 민간 요원들의 참여가 늘고 있습니다. PKO 임무에서 인도적 지원과 국가 재건 활동이 증가하고 있으며, 그 과정에서 NGO의 활동 기회와 치안유지를 위한 민간 경찰의 역할이 커지고 있습니다. 이렇게 군 및 경찰과 더불어 NGO 등 민간 주체들이 참여하는 지역 재건 활동은 앞서 논의한 UN PKO 활동이나 다국적군 평화활동보다 공공외교적 성격이 강하다고 생각합니다. 이러한 재건 지원 활동은 전통적인 파병과는 다른 형태로, 군이 군사안보적 영역을 넘어 인도적 지원 활동에 참여하는 새로운 패러다임을 대변합니다.

예를 들어 지방재건팀(Provincial Reconstruction Team, 이하 PRT)은 개발협력성 프로그램으로 직업훈련, 의료 보건, 농업 인프라 구축 등 분쟁으로 붕괴된 지역경제 기반을 재건하는 성격을 띱니다. 일반적으로 PRT에는 치안을 담당할 경찰 병력이 같이 참여합니다. 또 현지의 치안이나 안전이 심각한 상황일 때는 파병을 통해 호송 작전과 주둔지 방호 임무도 수행합니다.

4) 한국의 PKO 기여공공외교

한국 최초의 국제평화 활동은 1991년 걸프전 당시 미국 주도의 다국적군 임무에 국군 의료지원단 154명과 공군 수송단 160명을 파견한 것입니다. 1993년에는 262명의 상록수 공병대대가 소말리아의 UN PKO 임무(UNOSOM-II)에 참여했습니다. 그 후 아프가니스탄에 동의·다산 부대, 이라크 아르빌에 자이툰 부대, 레바논 평화유지군에 동명 부대, 유엔 아이티 안정화 임무단에 단비 부대 파견을 포함해 UN PKO와 비유엔 다국적군 국제평화 활동에 5만 3650여 명이 파병되었습니다. 한국은 2018년 10대 UN PKO 재정 공여국 명단에 올랐습니다. 제도적으로도 2009년 '유엔 평화유지활동참여에 관한 법률', 일명 PKO 신속파견법이 국회를 통과했고, 2014년에는 '국군의 해외파견활동 참여에 관한 법률안'이 통과되어 파병 조건과 활동 범위를 확대하는 노력을 뒷받침하게 되었습니다(최현진, 2020).

그러나 이러한 법 통과의 이면에는 PKO 활동에 대한 국내에서의 논란과 충돌이 자리 잡고 있습니다. 2009년 법안에서는 다국적군 파병 관련 사항이 제외되었고, 그 후 10년이 지난 현재까지도 파병 철군과 해외 파병 규제 완화 법안 제정을 반대하는 사회적 목소리는 오히려 거세지고 있는 실정입니다. 다국적군 평화활동이 주로 미국의 주도로 이루어지기 때문에 "미국의 전략적 이익을 위한 전쟁에 왜 우리 병력을 보내야 하는가"라는 것이 주된 반대 이유라고 생각합니다. 국내 상황에 비추어볼 때 유엔이나 국제사회가 요청하는 파병이 신속히 이루어질 수 없고, 파병이 이루어져도 비전투 위주 임무 수행이라는 한계를 벗어나기 어렵습니다. 이러한 제한된 형태의 PKO 활동을 넘어서야만 공공외교로서 기능을 할 수 있을 것으로 보입니다.

우리가 생각할 수 있는 또 하나의 방법은 UN PKO와 다국적군 평화활동 외에 재건 활동이나 국방 협력 활동 등을 더욱 강화하는 것입니다. 재건 활동의 경우 아프가니스탄 재건 지원을 위한 PRT 파견과 함께 오쉬노 부대를 파병을 사례로 들 수 있습니다. 아프가니스탄(이하 아프간)에서의 한국 PKO 활동은 2001년 동의 부대 의료진 60명 파병으로 시작되었습니다. 2002년 2월 동의 부대는 파르완주의 영국군(BAF) 동맹군 기지에 야전병원을 설립했고, 다산 공병 부대 150명이 추가로 파견되어 기지

시설 확충 사업을 담당했습니다.

2008년 한국은 미국과의 협의하에 바그람 기지에서 활동을 재개했습니다. 그 전까지 PKO 활동 관련 파병을 국방부가 주도하던 것과는 달리 KOICA가 주도하여 아프간 주민들을 위한 상설 병원과 직업훈련센터도 설립했습니다. 이러한 성공적인 활동을 바탕으로 2010년에는 파르완주 내 한국의 PRT 활동이 결정되었습니다. 2010년 우리 정부는 아프간재건을 위해 민간주도의 PRT를 KOICA 100명, 경찰 40명으로 구성했습니다. PRT는 현지에서 농촌을 개발하고 빈곤을 극복한 과거 한국의 새마을사업과 같은 개발 경험을 전수해 주며 현지 젊은이들을 교육하고 직업훈련을 지원하는 역할을 수행했습니다. 또 바그람 기지 외에도 차리카 지역에 독자적인 PRT 기지를 건설하고 관계·농업·교육 및 치안 분야 훈련 등의 지방 재건 프로그램을 수행했습니다(윤영미 2012).

이 지역의 치안 상태가 좋지 않았기 때문에 UN 결의와 아프간 정부의 요청에 따라 PRT 경호 및 호송, 주둔지 방호를 위해 2010년 350명 규모의 오쉬노 부대를 구성하여 아프가니스탄에 파병했습니다. 이렇게 하여 2011년에는 새로 건설된 차리카 기지 내에서 300여 명의 오쉬노 부대 장병들과 PRT 팀이 활동을 했습니다. 오쉬노 부대는 PRT 요원 호송과 엄호를 위해 한국군 최초로 헬기부대를 파병해 다양한 실전 경험을 획득했고, PRT는 오쉬노 부대의 보호 아래 아프간 안정화와 재건 지원 임무를 성공적으로 수행한 후 2014년 6월에 철수했습니다. 오쉬노 부대를 비롯한 한국의 파병 부대들은 "신이 내린 축복", "지역공동체의 일원", "진정한 친구" 등 좋은 평가를 받았으며, 현지인들과의 유대관계도 잘 맺은 것으로 평가받고 있습니다(윤영미, 2012). 이 외에 대표적인 PRT로는 필리핀의 아라우 부대가 있습니다. 아라우 부대는 2013년 태풍으로 대규모로 피해를 입은 필리핀 정부의 요청에 따라 타클로반에 파병한 재난구호 부대입니다. 520여 명을 파병하고, 해군 상륙함 2척, 재해 복구에 필요한 중형 굴착기 등 장비를 보냈습니다.

재건 활동을 위한 파병은 공공외교적 성격이 강하고, 국내에서의 논란을 피할 수 있다는 장점이 있습니다. 앞으로 군과 민간 부분이 협력적인 관계로 참여하는 인도적 지원이나 재난 구호 파병을 좀 더 활성화할 수 있도록 제도적 방안을 마련할 필요가 있습니다. 마지막으로 국제 안보를 목적으로 하는 PKO 활동은 그것이 UN PKO 활동이든 아니면 다국적군 평화활동이든, 국제사회 기여라는 면에서 참여할 필요가 있다는 점을 간과해서는 안 됩니다. 한국의 경우 UN PKO 예산에는 크게 기여하는 편이지만, 파병 병력을 보면 너무도 적은 수준입니다. 2019년 2월 말 기준 623명으로 UN 회원국 중 35위로(2020년 1월 기준 580명), 최소 범위에서 명맥만을 유지하고 있는 수준이라고 할 수 있습니다.

다국적군 평화활동 참여는 앞으로도 그 정치적 논란과 파장이 큰 사안일 것입니다. 이에 대한 국민의 의견을 수렴해 한국적 군사공공외교 모델을 만들어야 한다는 과제가 우리 앞에 있습니다.

5) 한국의 코로나19 관련 기여공공외교

2020년 4월부터 한국의 코로나19 바이러스 위기 상황이 빠르게 개선되면서 한국의 코로나19 대응에 대한 세계의 관심과 찬사가 커졌습니다. 한때 가장 많은 감염자 수가 나왔지만, 2달여가 지나서는 바이러스 확산이 상당히 통제되었기 때문입니다. 한국 정부는 이를 코로나 위기에 대한 한국의 성공적인 대응을 홍보하고, 한국의 우수한 의료 체계와 의료 인프라(의료진) 등을 전 세계에 알릴 수 있는 기회로 보아 공공외교적 측면에서 다양한 활동을 했습니다.

외교부는 세계 각국의 언론과 강경화 장관의 인터뷰를 통해 한국의 코로나19 방역(K-방역)에 대한 소개와 한국 방역 모델의 장점에 대해 홍보하기 시작합니다. 여기에는 홍보뿐만 아니라 한국 방역에 대한 왜곡된 정보를 바로잡는 내용도 포함됩니다. 예를 들어 2020년 5월 14일 독일 공영방송 DW(Deutsche Welle)와의 인터뷰에서 한국이 코로나19를 통제하며 확진자들의 동선을 추적하는 과정에서 개인정보 침해와 사생활 침해 등이 발생했다는 문제가 제기되자, 강경화 장관은 확진자에 대한 개인정보 파악 등은 법이 허용하는 범위에서만 이루어지며, 한국은 성적 소수자에 대한 혐오나 망신 주기 등을 허용하지 않는 인권을 존중하는 나라라고 설명했습니다.

또한 외교부는 웨비나(webinar: 인터넷상으로 이루어지는 세미나)를 통해 한국의 코로나19 방역 경험을 공유하는 사업을 시행했습니다. 2020년 7월 8일까지 아홉 차례 개최된 웨비나는 5월부터 매주 코로나19와 관련해 한국의 경험을 다양한 주제로 나눠 진행되었으며, 총 120개 국가에서 누적 인원 약 2900명이 참석했습니다. 한 세션에 1시간 40분간 실시간으로 진행되었는데 한국어뿐만 아니라 영어·프랑스어·스페인어로 동시통역하고, 전 세계 어디서나 웹사이트(www.medicalkoreawebinar.or.kr)에 접속해 실시간으로 참여할 수 있도록 했습니다. 또한 시차 때문에 실시간 시청이 어려운 지역을 위해 방송 당일 오후 11시에 재방송을 하고, 강연 및 현장 질의 영상을 게시판에 게재했습니다. 세미나 내용을 보면 코로나19 관련 한국의 보건·방역 전반, 출입국 검역, 역학조사, 격리자 관리, 생활 방역, 코로나19 쇼크 이후의 경제정책 등이 포함되어 있습니다.

이와 더불어 외교부는 세계 각국에 나가 있는 재외 한국 공관을 활용해 한국의 방역 경험을 홍보하는 활동을 했습니다. 대사들은 현지 언론과의 인터뷰나 현지 싱크 탱크들과의 세미나에서 한국의 코로나19 대응에 대한 소개와 홍보활동을 했습니다. 몇 가지 사례를 들자면 인도네시아의 김창범 대사는 2020년 4월 6일 줌(Zoom)을 통해 'How Korea Deals with COVID-19(한국은 어떻게 코로나19를 대처했는가)'이라는 제목으로 공개강좌를 열었습니다. 필리핀의 한동만 대사도 필리핀 국영방송국과의 인터뷰를 통해 한국과 필리핀 간의 코로나 대응 협력에 관해 말하며, 한국 정부가 미화 500만 달러 상당의 코로나19 대응 물품(마스크, 검사키트, 개인보호장비, 쌀 등)을 인도적 지원 차원에서 필리핀에 제공했다고 밝혔습니다.

한국은 또 코로나 진단키트를 전 세계에 지원하고 있습니다. 인도네시아에는 KT&G를 통해 6300명을 진단할 수 있는 진단키트를 지원했습니다. 정부 역시 전 세계 103개 국가에 진단키트를 수출하며 이 국가들의 코로나 위기 대응을 지원하고 있습니다. 코로나 대응 관련 한국의 경험을 공유하기 위한 노력도 눈에 띕니다. KOICA는 한국의 코로나19 대응 경험을 개발도상국과 공유하기 위해 '코로나19 정보 허브' 사이트를 개설해 온라인 서비스를 제공하고 있습니다. 여기서는 각종 방역 관련 데이터, 한국의 코로나19 대응 정책과 K-방역 관련 자료들도 제공 중입니다.

외교부는 코로나19 위기를 맞아 한국의 세계 보건에 대한 기여를 보강하기로 하고, 다자기구들을 통한 외교 활동을 강화했습니다. 또한 한국의 코로나19 극복 사례에 대한 국제적 관심에 대응하기 위해 '신국제협력 태스크포스(TF)'를 출범했습니다. 이 TF의 목표는 국제사회의 지지를 받을 수 있는 국제협력 틀을 모색하여, 전염병 대처를 위한 글로벌 거버넌스를 한국이 주도하는 것입니다. 이러한 차원에서 외교부는 유엔과 세계보건기구(WHO), 유네스코 각 회원국에 우호 그룹(Friends Group) 구성을 제안했습니다. 협력 주제는 유엔에서는 '국제보건 안보를 위한 공동연대', WHO에서는 '감염병 글로벌 대응 협력', 유네스코는 '국제연대 확대를 위한 세계 시민교육'입니다. 한국 정부는 우호 그룹 결성을 신속하게 추진해, 유엔에서는 2020년 5월 12일 코로나19 등 보건 안보 문제에 대한 유엔 차원의 대응 강화를 목적으로 하는 '유엔 보건 안보 우호국 그룹'이 출범했습니다. 유네스코에서는 2020년 5월 26일 '세계시민교육 우호국 그룹'이 출범했습니다. 우호국 그룹은 국제사회가 함께 연대와 포용 정신으로 혐오와 차별을 반대하고 세계시민교육 증진 활동을 통해 포스트 코로나 시대의 국제협력을 강화해 나가겠다는 공동성명(Joint Statement)을 채택했습니다. WHO에서는 코로나19를 포함한 글로벌 감염병 위협에서 국제사회의 효과적 대응 메커니즘 형성을 주도하기 위한 '글로벌 감염병 대응협력 지지그룹(G4IDR)'이 5월 20일 출범했습니다.

외교부 산하기관인 KF도 K-방역의 성과를 공공외교 자산으로 인식하고, 이에 대해 홍보하는 공공외교 활동을 활발히 전개했습니다. 그중 하나가 한국에 주재 중인 외국 공관들을 대상으로 하는 한국의 진단 기술과 장비 등에 대한 홍보 설명회입니다. KF는 주한 중앙아시아 공관 관계자들에게 코로나19 신속진단키트 설명회를 개최하여 한국의 진단키트 기술을 소개했습니다. 또한 외국의 다양한 기관과의 코로나19 관련 세미나도 중요한 활동 가운데 하나입니다. KF는 한국의 코로나19 대응 노력에 대한 인식을 높이기 위해 미국 USC(University of Southern California) 공공외교센터와 공동으로 '코로나19 관련 한국의 대응 노력'이라는 온라인 대담회를 개최했습니다.

또 하나 주목할 점은 KF가 코로나 관련 보건공공외교를 강화하기 위한 일환으로 지영미 전 질병본부 감염병연구센터장을 '보건외교특별대표'로 위촉하고, 한국의 코로나19 대응에 대한 국내외의 논의를 이끌도록 한 것입니다. KF는 인도네시아 CSIS(Centre for Strategic and International Studies)와 공동 주최로 '코로나19 한국-인도네시아 협력'이라는 웨비나를 개최했습니다. 여기서 지영미 대표는 한국의 코로나 극복 요인으로 적극적인 초기 대응, 중앙정부와 지방정부의 대처, 진단키트 개발사, 연구소의 유기적 공조, 투명한 정보 공개, 정보통신기술 활용 등을 꼽았습니다. 지영미 대표는 이어 2020년 6월 16일 KF의 웨비나 프로그램 'KF 버츄얼 다이얼로그 시리즈(KF Virtual Dialogue Series)'에 참여해 한국의 코로나19 관련 방역 경험에 대해 이야기했고, KF가 미국의 싱크 탱크 CSIS와 매년 개최하는 한미전략포럼의 '팬데믹과 국제 대응(Pandemic and the Global Response)' 세션에 패널리스트로 참가해 한국의 방역 경험에 대해 설명했습니다.

여러분은 이러한 한국의 노력들을 보면서 어떻게 생각하시나요? 이것은 한국을 홍보하는 공공외교인가요, 아니면 보건 부문에서의 기여공공외교인가요? 사실 이 질문에 답을 하기는 매우 어렵습니다. 분명 한국이 전 세계의 코로나 극복을 위해 노력하고 있는 것도, 또 이번 위기를 통해 국제사회에서 주요 어젠다를 이끌어갈 기회로 삼고자 외교적으로 노력하는 것도 모두 사실입니다. 개인적으로는 우리가 기여공공외교의 모범으로 보는 북유럽의 기여공공외교도 국가 홍보활동의 요소가 없지는 않다고 생각합니다. 내가 국제사회를 위해 한 일을 굳이 숨길 필요는 없는 것이고, 그것을 알리는 것은 자연스러운 일이 아닐까요? "오른손이 한 일을 왼손이 모르게 하라"라는 『성경』의 가름침은 국가들 간의 관계에서는 기대하기 어려운 것일지도 모릅니다.

사실 홍보 성격의 코로나19 관련 공공외교는 중국이 열심히 하고 있는 것으로 보입니다. 중국은 코로나19 사태 발생 초기에 전염병의 발원지로 알려지며 위생 상태와 야생동물을 섭취하는 식습관 등으로 크게 비난받았습니다. 그러나 중국의 바이러스 위기 상황이 수습되면서, 중국은 의료 물자 지원(예를 들어 미국에 24억 6000만 장의 마스크 지원)을 넘어 위기 극복에 주도적 역할을 하는 모습을 보이고 있습니다. 시진핑 주석은 이탈리아, 독일, 프랑스, 스페인, 세르비아 등 네 나라에 서신을 보내 중국이 코로나로 위기에 처한 각국을 지원하고 싶다고 밝힌 바 있습니다. 프랑스 에마뉘엘 마크롱(Emmanuel Macron) 대통령에게는 "중국은 프랑스와 함께 코로나19 방역을 위한 국제협력을 추진하고 싶다"면서, "유엔 및 세계보건기구(WHO)가 세계 공중보건 거버넌스 개선에서 핵심적인 역할을 하도록 지지하고, 인류 보건 건강 공동체를 만들고 싶다"라고 말했습니다. 앙겔라 메르켈(Angela Merkel) 독일 총리에게도 "독일이 필요로 한다면 중국은 코로나19 방역을 힘껏 돕고 싶다"며 "독일과 코로나19 정보, 경험을 공유해 코로나19 방역을 강화하고, 환자 치료, 백신 연구 등 부문에서 협력해 양국은 물론 세계 각국 국민의 건강과 복지를 지키자"라고 제안했습니다.

중국이 자신들의 코로나 위기 극복 경험과 의료 물품 지원 등을 통해 전 세계 코로나 위기 극복에 기여하겠다는 모습에는, 기여를 통해 중국이 세계의 지도 국가라는 이미지를 심고자 하는 시진핑 주석의 의지가 담겨 있는 것으로 보입니다. 이 같은 적극적 의료외교가 과연 기여공공외교로서 중국의 국가브랜드나 중국에 대한 인식에 도움이 되었는지 매우 흥미로운 주제이며, 연구가 필요한 부분이라고 생각합니다.

제3부

국가전략으로서의 공공외교

공공외교는 상대국 대중에게 자국의 좋은 이미지를 심고 호감을 얻어내는 외교의 한 영역이지만, 나라마다 그 목표와 중요성은 다릅니다. 국제사회에서 좋은 이미지를 갖고 있지 못한 나라들은 공공외교를 통해 부정적 이미지를 불식시키고 국제사회의 지원을 받는 데에 유리한 환경을 조성하려는 목표를 갖습니다. 중견국들은 부족한 하드파워를 극복하면서 국제사회에 자신들의 존재감을 확실히 하기 위하여 특별한 공공외교 전략을 실행해 왔습니다. 강대국의 공공외교는 이와는 다른 목적과 전략을 갖습니다. 물론 강대국들도 국가의 상황에 따라 전혀 다른 공공외교를 수행합니다. 일반적으로 강대국은 풍부한 하드파워적 자산을 바탕으로 패권 유지나 국제사회에서의 지도적 위상, 혹은 자국이 처한 전략적 도전에 대응하기 위해 보다 적극적인 목표를 설정하고 공공외교를 활용하기도 합니다. 이러한 공공외교들은 국가전략 추진의 중요한 수단으로 기능합니다. 3부에서 소개하는 미국의 대북한 공공외교 프로그램들을 보면 공공외교가 상당히 적극적인 외교 수단이라는 생각이 들게 될 겁니다.

제9장

강대국의 공공외교로서의 미국 공공외교

   미국은 세계 최강대국으로서 많은 영역에서 국제사회의 리더 역할을 하고 있습니다. 보통 작은 나라들의 외교 부서는 자국의 대외 관계를 다루는 데에 그치지만, 미국의 외교 부서인 국무성(State Department)은 대외 관계에서 미국의 이익을 확보하는 것 이외에도 전 세계를 대상으로, 그리고 모든 주요 이슈에 대한 전략과 목표를 세워 움직이고 있습니다. 거의 모든 지역에 대한 지역전략(예를 들어 대(對)동아시아 전략, 대중동 전략 등)을 연구하며 인권, 환경, 언론 자유 등 중요한 글로벌 이슈에 깊숙이 관여하고 있는 것이지요. 미국의 공공외교 역시 그러한 강대국의 대외정책적 필요를 잘 반영하고 있습니다. 단순히 미국을 알리고 미국에 대한 세계인들의 호감을 증진하는 차원이 아닙니다. 미국의 대외정책을 적극적으로 지원하고, 때로는 대외정책의 한 수단으로 존재하는 것입니다. 미국의 공공외교는 다른 외교 수단과 다르기는 하지만, 추구하는 목표는 절대 가볍지 않습니다. 이 장에서는 미국공공외교위원회(United States Advisory Commission on Public Diplomacy)의 2019년 「공공외교와 국제방송활동에 관한 연례 종합보고서(2019 Comprehensive Annual Report on Public Diplomacy and International Broadcasting Activities)」

에 담긴 2018년 자료를 중심으로 미국의 공공외교가 어떻게 이루어지는지 보여드리고자 합니다.

미 공공외교 자문위원회(이하 ACPD)는 공공외교에 대한 이해와 지지를 증진하고, 공공외교 활동을 평가하는 임무를 맡은 기관입니다. 또한 미국 공공외교가 어떤 평가를 받았는지 연구하며, 연구보고서를 여러 형태로 전파하는 일도 합니다. 현재는 국무성 소속 공공외교 및 공보담당 차관실이 이 위원회를 지원하고 있고, 그 활동을 대통령, 국무장관, 의회에 보고하도록 되어 있습니다. ACPD는 1948년 만들어진 미국정보자문위원회(U.S. Advisory Commission on Information)와 미국교육교류자문위원회(U.S. Advisory Commission on Educational Exchange)가 1977년 통합되어서 탄생한 조직입니다. 초당적 조직으로, 일곱 명의 위원은 대통령이 지명하고 의회가 승인하도록 되어 있습니다. 임기는 3년이고 연임이 가능합니다. 우리가 이 보고서에서 눈여겨봐야 할 것은 세계의 리더라는 미국의 특성에 따라 공공외교의 성격과 목표도 달라진다는 점입니다. 미국의 공공외교는 미국이 처한, 또는 앞으로 처할 도전에 적극적으로 대응하는 데 매우 중요한 외교적 역할을 하고 있습니다.

1. 미국 공공외교의 조직

미국은 1999년 공공외교 차관직을 신설하면서 공공외교에 대한 노력을 강화하게 됩니다. 국무성 여섯 개의 차관급 직책 중 하나인 공공외교 차관(Undersecretary for Public Diplomacy and Public Affairs)은 산하에 교육문화국(Educational and Cultural Affairs), 국제홍보국(International Information Program), 공보국(Public Affairs)의 세 차관보급 조직이 있었습니다. 이 중 국제홍보국과 공보국은 2019년 글로벌공보국(Global Public Affairs)으로 통합되었습니다. 2016년에는 국무장관 산하에 기존의 대테러전략홍보국(Center for Strategic Counterterrorism Communications)을 대체할 새로운 조직인 글로벌연계센터(Global Engagement Center)를 신설하여 국가 혹은 비국가 행위자(테러집단 등)들이 미국과 미국의 파트너 국가들을 약화시키거나 영향을 미치기 위해 생산하는 프로파간다, 혹은 허위 정보에 대한 대응을 담당하게 합니다. 이 외에도 각 지역국에는 공공외교 담당 부차관보직을 두어 지역별 공공외교 사업 기획과 시행을 담당하고 있습니다. 이러한 공공외교 전담 조직 이외에도 국무성의 다양한 기능국은 자체의 공공외교 사업을 시행 중입니다. 국무성을 핵심으로 하는 워싱턴 기반의 공공외교 조직 외에 각국에 나가 있는 해외 공관 역시 미국 공공외교의 중요한 조직으로서 공공외교 관련 예산의 18%를 배정받습니다.

또 하나의 중요한 공공외교 조직은 USAGM입니다. 이 기관은 미국 국제방송을 관할하는 곳으로, VOA, 쿠바 방송국(Office of Cuba Broadcasting), 자유유럽방송(Radio Free Europe/Radio Liberty), 중동방송네트워크(Middle east Broadcasting Networks), 자유아시아방송의 5개 방송 조직으로 구성됩니다. USAGM의 목표는 전 세계의 자유와 민주주의를 지원하기 위해 전 세계 사람들과 연계하여 정보를 전달하고 서로를 연결시키는 역할을 합니다. USAGM은 라디오, 위성 TV, 인터넷, 소셜미디어 등을 통해 매주 100여 개국에 61개 언어로, 약 3억 4500만 명의 청취자들을 찾아갑니다. 주로 폐쇄적인 국가들이나 아직 자유언론이 확립되지 않은 나라들에 자유, 투명성, 민주주의와 같이 미국이 신봉하는 가치를 전파하기 위한 역할을 합니다.

2. 2018년 미국 공공외교 예산

2018년 미국 공공외교 예산을 살펴보면 어떤 형태의 공공외교 사업이 어느 지역을 대상으로 펼쳐지고 있는지 알 수 있습니다. 우선 미국의 공공외교 예산 추이는 어떨까요? 미국에 새로운 위협으로 등장한 것이 극단주의 세력과 신기술을 바탕으로 한 인터넷·모바일 환경에서의 프로파간다와 허위 정보의 공세 등입니다. 이와 같은 새로운 도전에 대응하기 위해 새로운 조직과 사업들이 생겨났습니다. 그러나 새로운 환경의 등장에도 미국의 공공외교 예산은 정체 상태라고 말할 수 있습니다. 1986년 미국의 공공외교 예산은 21억 달러(약 2조 4000억 원)였고, 2018년에는 21억 9000만 달러니까 9000만 달러(약 1100억 원)가 늘어난 데에 그친 것입니다. 2018년 미국의 공공외교 예산은 2017년에 비해 약 5565만 달러(약 670억) 증가한 수치입니다. 이는 미국의 국제 관련 전체 예산 중 약 3.9%의 규모이며, 미국 연방 예산의 0.17%에 해당하는 금액입니다. 참고로 한국의 공공외교 예산(2019년 외교부 예산)은 약 320억 원입니다.

2018년 전체 공공외교 예산 중 높은 순위를 살펴보면 국제방송을 관할하는 USAGM 예산이 36.8%로 가장 많고, 그다음이 교육문화교류 예산으로서 29.6%를 차지합니다. 그 뒤를 이어 대사관/영사관의 공공외교 사업 예산(현지 인력 임금 포함)이 18%, 아프가니스탄·이라크·파키스탄·러시아·우크라이나 등을 대상으로 한 공공외교 사업에 사용된 보충 예산이 7.3% 정도를 차지합니다. 나머지는 대사관/영사관의 공공외교 관련 미국인들의 인건비입니다. 이를 보면 국제방송을 통한 공공외교 활동과 교육문화교류 사업의 비중이 매우 큰 것을 알 수 있습니다.

다음은 2018년 국무성 공공외교 예산을 살펴보겠습니다. 국무성 공공외교 예산 중 가장 큰 것이 교육문화국의 예산으로서 전체 예산의 83%(6억 4610만 달러)를 차지합니다. 나머지 17%(1억 3170만 달러)의 구성을 보면 글로벌 연계 센터(5450만 달러)와 국제홍보국(5390만 달러)이 가장 크며, 나머지는 공보국(970만 달러)과 기능국(Functional Bureau)에서 사용된 예산(480만 달러), 공공외교차관실 산하의 정책기획부서인 정책실(Office of Policy), 기획 및 재원(Planning and Resources)에서 사용된 예산(450만 달러), 외교관의 교육·훈련을 담당하는 외교연수기관(Foreign Service Institute)에서 사용된 예산(320만 달러), 공공외교차관실에서 사용된 예산(110만 달러) 등입니다.

2018년 미국의 공공외교 예산이 가장 많이 사용된 국가를 10위까지 살펴보면 1위 아프가니스탄, 2위 파키스탄, 3위 이라크 등으로 미국이 전쟁을 수행한 나라와 미국에 적대적인 여론이 강한 나라가 상위권을 형성하고 있습니다. 4위는 러시아, 5위는 일본, 6위는 우크라이나, 7위는 중국, 8위는 인도, 9위는 브라질, 10위는 인도네시아입니다. 중국이나 러시아처럼 정부의 프로파간다 활동이 활발한 나라에 대한 예산이 높고, 일본·인도·브라질·인도네시아 등도 중요성이 크다고 생각해 계속 관리하는 것으로 보입니다. 우크라이나는 러시아의 영향을 크게 받는 나라로, 친러시아 세력과 친서방 세력이 대립하는 상황에서 친서방 정부를 지원하기 위한 예산으로 인해 높은 순위에 있는 것으로 보입니다. 참고로 대한민국에 대한 예산은 17위로, 477만 달러(50억 원) 정도입니다. 이 예산에는 주한 미 대사관의 탈북자 영어 교육 지원 프로그램 예산 등 북한 관련 예산도 포함되어 있는 것으로 보입니다.

3. 미국 공공외교 사업: 국무성과 USAGM을 중심으로

여기서는 미국 국무성이 시행하는 공공외교 프로그램과 USAGM에서 시행하는 프로그램을 간략히 소개하고자 합니다. 이 프로그램들을 살펴보면 미국 공공외교의 강조점을 알 수 있고, 또 미국의 공공외교가 매우 광범위한 범위에서 매우 정교한 계획과 업무 분담에 따라 시행되고 있다는 것을 알 수 있습니다. 미국공공외교자문위원회 보고서를 보면서 제가 가장 인상적으로 느낀 점은 미국의 공공외교가 미국 대외정책에 대한 새로운 도전에 대응하는 매우 능동적이고 선제적인 역할을 하고 있다는 점이며, 전통적 외교 수행에 유리한 환경을 조성하는 차원을 넘어 독립적으로 매우 적극적인 역할을 하고 있다는 점입니다. 이러한 점을 보여드리기 위해 미국 공공외교 프로그램 중 극단주의 세력과 미국의 위상을 위협하는 국가들에 대한 공공외교 프로그램을 중심으로 설명하고자 합니다.

1) 국무성 공보/대언론 부서

(1) 교육문화국
교육문화국(Bureau of Educational and Cultural Affairs)의 공공외교

는 미 국무성 공공외교 예산의 80%를 사용하는 매우 규모가 크고 다양한 프로그램입니다. 교육문화국 프로그램은 전문직 교류 및 문화 교류, 민간교류, 정책 등 네 개 섹션으로 구성됩니다. 교육문화국의 핵심 목표는 미국의 외교정책과 국가안보상의 이익 증진을 위해, 미국인들과 외국의 현 지도자 및 차세대 지도자들을 연결하는 교류 프로그램을 설계하고 시행하는 것입니다. 이로써 미국의 안보와 번영을 유지하고, 이 프로그램을 통해 미국을 방문하는 외국인들이 미국에 대해 새로운 시각을 갖도록 하는 것이 목적입니다. 그런데 이 사업들 중 상당수가 미국인을 대상으로 합니다. 미국인들이 외국에 대한 이해와 전문성을 바탕으로 네트워크를 구축할 수 있도록 돕는, 이른바 '공공외교 역량' 강화를 목적으로 한다고 생각합니다. 교육문화국 공공외교 사업을 통해 지금까지 1000만 명 이상이 교류 프로그램에 참여했고, 이 중 42명이 현재 미국의 하원의원으로 있고, 589명이 전·현직 외국 정상이 되었으며, 현재 미국에 주재 중인 외국 대사의 15%가 교육문화국 사업에 참여했던 사람들입니다.

2019년 실시된 교육문화국 사업과 교류 사업은 다음과 같은 다섯 가지를 우선순위에 두고 있습니다.

① **미국의 리더십 강화**: 인적 교류를 통해 미국의 외교정책 목표를 증진하고 외국과의 상호이해를 높여 미국의 리더십 강화한다.
② **미국의 경쟁력 갱신**: 미국인들의 국제적 능력을 강화하고 미국 기업의 해외 진출을 늘려 지속 가능한 성장을 통해 미국의 경쟁력을 갱신한다.
③ **외국 정부의 가짜 뉴스에 대응**: 국제교류 프로그램을 통해 극단주

의화에 대안을 제시하고, 외국 정부의 가짜 뉴스에 대응한다.

④ 미국적 가치의 증진: 민주적 원칙을 강화하고 시민사회 제도, 인권, 독립적인 언론을 지원하는 교육, 문화, 전문적 교류 프로그램을 통해 미국적 가치를 증진한다.

⑤ 교육문화 프로그램의 효율성 확보

학술 교류 사업의 대표적인 사업은 풀브라이트 사업입니다. 미국 시민 그리고 미국과 외교적 관계에 있는 외국 시민들을 지원하는 프로그램으로서 1946년에 시작되어 지금까지 계속되고 있습니다. 학술 교류 사업 중 눈에 띄는 것은 베트남 풀브라이트 대학교(Fulbright University in Vietnam)입니다. 이 사업은 2016년에 시행되었는데, 미국의 교육문화국과 재무성의 베트남 부채 상환 기금, 미국원조청(USAID)이 지원하여 베트남에 독립적이고 비영리적 성격을 띠는 최초의 교육기관을 설립한 것입니다. 호치민시에 있는 이 대학은 미국 고등교육기관의 가치인 자율성, 학문적 자유, 투명성 등을 수용합니다. 2017년 베트남의 중견관리자들과 정책결정자들이 이 대학에서 공공정책 석사과정 대학원 수업을 받기 시작했고, 2018년에는 시범(pilot) 프로그램으로 첫 학부 학생들을 받았습니다.

전문가 교류 프로그램들은 특정 지역이나 국가를 대상으로 한 것이 많이 있습니다. 동남아시아 청년리더구상 장학금(Young Southeast Asian Leaders Initiative Fellowship)은 동남아시아의 대학생들과 청년 전문가들을 대상으로 5주 동안 미국 내 대학 등 교육기관에서 사회적 기업, 경제발전, 환경문제(대학생), 시민참여, 경제적 능력 배양, 거버넌스, 지속가능한 발전 및 환경(전문가) 등 강좌를 열어 리더십 배양 교육을 진행합니다. 2014년에 시작된 이 프로그램은 매년 200~500명가량의 동남 아시아 대학생이나 25~35세의 전문가들이 참여하고 있습니다.

사실 교육문화국 사업 중에는 미국인만을 대상으로 하는 프로그램도 많습니다. 이는 미국인들의 국제적 감각과 전문성 강화, 다른 나라와의 네트워크 구축 등을 목적으로 하는 공공외교 역량 강화 사업으로 볼 수 있습니다. 미국과 같은 강대국은 세계 문제의 관리와 다양한 나라에 대한 이해, 주요 현안 관련 전문성을 확보해야 하기 때문에, 그러한 능력을 갖춘 미국인들을 배출해야 한다는 과제를 안고 있습니다. 교육문화국의 청년사업국(Youth Program Division)은 이러한 역량을 갖춘 미국 젊은이들을 배양하기 위해 사업을 전개하고 있습니다. 청년들을 위한 국가안보언어계획(National Security Language Initiative for Youth)은 전략적으로 중요한 언어를 공부하는 미국의 고등학생들에게 장학금을 지급하는 프로그램입니다. 전략적으로 중요한 언어에는 아랍어, 중국어, 힌디어, 인도네시아어, 한국어, 페르시아어(타지크어), 러시아어, 터키어가 포함됩니다. 수혜자들은 해외에서 두 학기 혹은 방학 동안 집중 언어 교육을 받습니다. 이 미국 학생들은 언어 학습 외에도 해당 지역의 정치, 문화, 사회를 경험할 기회를 제공받습니다. 2018년부터는 인터넷 상에 이러한 언어를 가르치는 프로그램도 시작되었습니다. '청년들을 위한 국가안보언어계획'에는 매년 600명가량이 참여하는데, 2018년에 시작된 온라인 프로그램에는 666명 이외에 300명이 온라인으로 참여했습니다.

마지막으로 해외 리더급 인사들에 대한 초청 프로그램을 소개하고자 합니다. 국제 방문자 리더십 프로그램(International Visitor Leadership Program)은 1940년부터 시작한 매우 오래된 프로그램입니다. 이것은 외국의 전현직 리더들이 단기간 미국을 방문하는 프로그램입니다. 참가자들은 미국의 전문가들과 미국의 현안들을 토론하면서 미국 사회와 가치를 경험합니다. 참가자는 해외 미국 공관들의 추천으로 결정하게 되는데, 이 프로그램의 특징은 영어를 하지 못하는 해외의 리더급 인사들을 대상으로 한다는 것입니다. 이러한 방식은 미국의 해외 외교 공관들이 현지의 다양한 지도급 인사들을 발굴하고 연계할 수 있도록 한다는 면에서 주목할 만합니다. 이 프로그램은 미국의 비영리 단체인 글로벌 타이즈(Global Ties)와 파트너십을 맺어 글로벌 타이즈의 민간 외교관 4만 7000명의 가정, 직장, 학교 등으로 외국인 지도급 인사들을 초청하여 미국을 경험하도록 합니다. 1년에 보통 5000명 이상(2018년 5300명, 2019년 5400명)을 대상으로 하는 매우 규모가 큰, 중요한 프로그램이라고 생각합니다. 실제로 국무성도 "미국 외교관들이 미국의 대외정책과 관련된 현안들에 대한 현지의 주요 정책결정자를 식별하고, 영향을 미치며, 또 교육하는 가장 효과적인 프로그램"이라고 평가하고 있습니다.

(2) 국제정보프로그램국[9]

국제정보프로그램국(Bureau of International Information Program, 이하 IIP)은 해외 외국인들과 소통을 통해 미국과 미국의 대외정책에 대한 이해를 높이며 해외 공공외교 활동을 지원하는 역할을 합니다. 이러한 역할을 위해서 IIP는 새로운 미디어 환경에 민첩하게 대응할 필요가 있습니다. 이제 해외의 외국인들은 스마트폰과 같은 기기를 통해 정보를 접하며 인터넷에서 소셜미디어 플랫폼으로 관심이 옮겨 가고 있습

---

9) IIP와 Bureau of Public Affair는 2019 Bureau of Global Public Affair로 통합되었습니다. 이 보고서는 2018년 보고서이므로 IIP와 PA 국 체계로 작성되어 있습니다.

니다. IIP는 해외의 미국 외교 공관들이 이처럼 새로운 환경에 적응해 현지 외국인들과 소통할 수 있도록 기술적 지원을 합니다. IIP의 가장 중요한 기여는 해외에서 '미국관(American Space)'을 개설한 것입니다. 현재 650개 이상의 미국관 중에는 미국대사관 웹사이트와 IIP가 운영하는 셰어아메리카(ShareAmerica) 플랫폼 등 가상공간도 포함됩니다. IIP는 미국과 관련된 콘텐츠들을 만들어 공공외교 담당자들이 필요할 때 찾아 사용할 수 있도록 하는 플랫폼을 개발해 시험 중에 있습니다.

미 국무부 아메리칸 스페이스 오피스(Office of American Spaces, 이하 OAS)는 해외에서 대중이 미국 정부에 접근할 수 있는 공간(미국관)을 제공함으로써 미국과 해외 시민들 간에 연계를 만들고 유지하는 역할을 합니다. 네트워크 개발과 디자인, 훈련과 프로그램 평가 등도 OAS의 중요한 업무입니다. 미국관 운영은 나라마다 다르고 여러 가지 모델이 있습니다. 미국 정부가 관리하는 아메리칸 센터(American Center) 방식, 남미에서 주로 활용되는 독자적이고 독립적인 기관인 양국 센터(Binational Center) 방식(예를 들어 브라질-남미 센터), 도서관과 같은 대상국의 문화 관련 기관에 입주하는 아메리칸 코너(American Corner) 방식 등이 있습니다.

(3) '지역 전략 및 연수실'의 지역 및 기능전략팀

IIP의 지역 전략 및 연수실(Office of Regional Strategy and Training)의 지역 및 기능전략팀(RFS division)은 국무성의 지역국 및 기능국, 공보국, 교육문화국, 외교관과 협력하여 미국의 외교정책 목표를 달성하기 위해 해외 현지 시민들이나 여론 주도층과 어떻게 소통할 것인지 전략을 수립

합니다. 전략적 개입 플랜(Strategic Engagement Plan)은 대사관, 지역국, 기능국의 요청과 정부의 최우선 목표에 따라 IIP의 자원을 외교정책 과제에 집중 투입하도록 합니다. 이 계획에는 표적 집단에 대한 연구, 내용, 전달 전략, 배포 채널에 대한 연구, 평가 전략과 목표 등을 담고 있습니다. 2018년, IIP는 베네수엘라에 대한 미국의 정책, 남중국해 문제 등에 대한 개입 플랜(engagement plan) 수립을 주도했습니다.

(4) 공보국

공보국(PA: Bureau of Public Affair)은 2019년 IIP와 합쳐지며 글로벌 공보국으로 확장되었습니다. 공보국 예산은 적은 편이지만, IIP와 통합되었기 때문에 소개해 보겠습니다. 미국 기관에서 공보국(public affairs)은 주로 언론관계를 다루는 부서를 말합니다. 대개 언론을 활용해 미국 대외정책의 목표를 증진하는 역할을 합니다. 미국 내 세 개의 지부(워싱턴 D.C., 뉴욕, 마이애미), 그리고 다섯 개의 해외 언론 본부를 통해 이러한 역할을 수행하고 있습니다. 공보국은 전통적 미디어는 물론이고 소셜미디어와 같은 뉴미디어도 활용합니다. 구체적으로는 언론 브리핑을 준비하고 국내 및 국외 언론들과 미국 정부 관리 간의 인터뷰를 관리하기도 합니다. 또 해외 언론들이 미국과 관련된 좀 더 정확한 기사를 작성할 수 있도록 언론인 투어를 조직하고, 외국 언론사와 방송미디어 협력 프로젝트들을 시행하기도 합니다. 국내 대중에게 미국 외교정책의 필요성과 효용성을 설명하는 대민 접촉 활동도 맡고 있습니다.

(5) 공보국의 위기대응부서

위기대응부서(Crisis Response Unit)는 위기 상황에서 공보국의 자원을 최적으로 활용해 주요 메시지가 국내·국외 청중에게 효과적으로 전달될 수 있도록 하며 비상 상황을 겪고 있는 해외 공관을 지원하는 역할을 합니다. 위기 시나 국제 언론의 관심이 집중된 상황에서 공보국은 숙련된 커뮤니케이션 전문가들을 공관의 공보 담당 직원들을 돕기 위해 파견합니다.

(6) 글로벌 연계 센터

글로벌 연계 센터(Global Engagement Center, 이하 GEC)는 2016년 국무장관의 지시에 의해 만들어졌으며, 외국 정부, 비정부 행위자들의 선전 활동이나 허위 정보 등을 인지하고 색출 및 대응하기 위해 연방정부의 노력을 조율하는 역할을 합니다. 이 센터는 데이터공학과 첨단광고 기법 관련 기술 전문가들을 보유하고 있습니다. 주 업무는 미국 정부 기관들과 조율을 통해 프로파간다나 허위 정보를 삭제하고 복제되지 않도록 차단하는 것이며, 러시아팀, 중국-북한팀, 이란팀, 반테러리즘팀을 운영하고 있습니다.

이 센터에서 중국의 허위 정보에 대한 대응 활동을 살펴보면 다음과 같습니다.

① 동남아시아와 오세아니아 지역의 미디어에 대한 중국의 영향력을 조사하고 중국의 정보 확산 능력의 정도를 파악한다.
② 탐사보도와 관련 능력들을 배양해 중국의 허위 정보에 대한 글로벌 대응력을 강화한다.
③ 중국 일대일로의 문제점과 신장위구르 무슬림 탄압에 대해 관심을 제고한다.

④ 일반 대중에게 중국의 활동(중국 기술 기업의 글로벌 확장과 이것의 안보상, 그리고 인권 측면에서의 함의)을 알리기 위해 양방향 웹 등 디지털 정보 인프라를 지원한다.

이러한 활동은 중국은 물론이고 러시아, 중동, 아프리카의 테러 조직들을 대상으로 이루어지고 있습니다. 이를 통해 GEC는 해외 대중이 잘못된 정보를 바탕으로 미국에 대해 부정적 인식이나 적개심을 갖는 것을 막고, 외국 정부들이 허위 정보로 외교정책상의 이익을 추구하는 것을 방지합니다.

2) 국무성 기능국

미국 국무성은 크게 기능국과 지역국으로 구성됩니다. 지역국은 여섯 개의 지역과 국제기구 담당국으로 구성되어 정무차관 산하에 있습니다. 주로 양자 간 외교와 지역의 국제기구 관련 다자외교를 담당합니다. 기능국은 30개 이상의 국가 담당 부서로 구성되며, 국제관계의 주요 현안별로 조직되어 있습니다. 기능국의 공공외교 활동에는 기능국이 행하는 활동에 관한 언론 대응과 대민 접촉들을 포함합니다. 대부분은 기능국 내 예산으로 움직이지만, 몇몇 프로그램은 공공외교와 공보담당 차관실로부터 예산을 지원받기도 합니다. 30여 개의 기능국 중 몇 개 기능국의 공공외교 활동에 대해 알아보도록 하겠습니다. 여기에 소개된 내용이외에도 '미국의 대북한 관련 공공외교' 항에서 몇 개 기능국의 북한 관련 공공외교 활동을 소개하고 있으니 참조하시면 도움이 될 것이라 생각합니다.

(1) 반테러 및 반폭력적 극단주의국

반테러 및 반폭력적 극단주의국(Bureau of Counterterrorism and Countering Violent Extremism)의 주요 업무는 반테러리즘 전략·정책·작전 프로그램들을 양자적·다자적 노력을 통해 개발하고 실행하는 것입니다. 공공외교차관실은 정책 전문가 한 명을 반테러 및 반폭력적 극단주의국에 파견해 반폭력적극단주의 관련 공공외교 활동을 지원하고, 자체의 공공외교 전략을 집행할 수 있도록 지원하고 있습니다. 이 국은 페이스북과 트위터 같은 소셜미디어를 운영하고 있고, 매우 중요한 반테러 관련 소식은 공보국의 페이스북 페이지를 활용하기도 합니다.

(2) 정보 및 연구국

정보 및 연구국(Bureau of Intelligence and Research)의 여론연구부서는 해외 대중의 여론 분석 결과를 국무장관, 국무성, 백악관 관리 및 정부 관리에게 제공함으로써 미국 공공외교를 지원합니다. 정보연구국과 국내의 여론연구부서는 지역 전문가와 여론조사방법론 전문가들로 구성되며, 여론이 정책과 외국 지도자들의 결정에 어떤 영향을 미치는지 평가하고 미국의 공공외교와 전략 커뮤니케이션에 대한 기회와 도전을 찾아내는 일을 합니다. 2018년 정보연구국의 동아시아·태평양 지역 연구는, 이 지역에서의 미국과 중국에 대한 인식 연구를 활용해 동아시아·태평양에서의 공공외교 활동에 기여했습니다. 이 지역 포커스 그룹에 대한 설문조사를 통해 동아시아·태평양 지역에서 중국과 미국의 역할에 엇갈리는 인식이 존재하고 있다는 것을 발견했고, 이 정보를 바탕으로 2018년 미국의 공공외교 대민 접촉 전략이 수립되었습니다.

(3) 민주주의·인권·노동국

민주주의·인권·노동국(Bureau of Democracy, Human Rights and Labor)은 미국이 존중하는 법치, 민주적 제도, 인권, 종교적 자유, 노동권 등을 세계적으로 증진하는 역할을 합니다. 이 국은 미 의회, 외국 정부, 다자기구, 시민사회, 종교 지도자, 민간 부문과의 협력을 통해 이러한 임무를 수행하고 있습니다. 이 국에서 하는 일 중 잘 알려진 것은 국가 인권 상황에 관한 보고서(Human Rights Reports)입니다. 민주주의·인권·노동국 내의 정책 및 공공외교 부서는 네 가지 임무를 수행하는데, 그중 두 가지가 언론 관리와 공공외교입니다. 공공외교 담당자들은 해당 임무를 수행하기 위해 시민사회, 싱크 탱크, 청년들, 노동조합, 새로운 여론 주도층 등과 관계를 맺으며 일합니다. 몇 가지 예를 들어 보면, 교육문화국과 합동으로 인적 교류 프로그램 방문자들을 위한 우선순위 주제를 개발해 세계적으로 인권을 지키기 위해 일하는 사람들의 활동을 알릴 목적으로 참석자들 간의 토론을 지원합니다. 그리고 국제정보프로그램국(Bureau of International Information Programs)과 합동으로 미국 외교 공관들의 공보국과 해외 청중을 미 정부 관리 및 국제 인권·노동 전문가들과 연결시켜 양방향 디지털 대화와 토론회들을 개최 중입니다.

마지막 임무는 UN과 관련한 활동으로서 이 국은 유엔총회 고위급 회의 기간 동안 이란 정치범들의 참상을 대중에게 알리는 캠페인을 벌였습니다. 이 국의 소셜미디어에 이란 정치범들의 명단과 신상을 공개하고, 페이스북에서 생방송 이벤트를 열어 국제정보프로그램국이 제작한 비디오들을 상영합니다. 이 행사의 대미를 장식하는 것은 국무성 대변인, 민주주의·인권·노동국의 고위급 인사, 미 국무부 대이란 특별 대표가 참석하는 기자회견입니다. 민주주의·인권·노동국은 이러한 활동을 쿠바를 주제로도 개최했습니다.

3) 국무성 지역국

동아시아태평양국(Bureau of East Asian and Pacific Affairs, 동아태국)의 공공외교 활동을 소개하겠습니다. 동아태국은 46개 대사관, 영사관, 사무소 등을 관할하고 있습니다. 이 지역국의 외교정책적 목표는 북한이 핵 및 미사일 프로그램을 포기하도록 경제적·정치적 압박을 증대하는 것, 이 지역에서 규칙 기반 질서를 위협하는 중국의 수정주의적 열망과 강압적인 정책을 제지하기 위해 중국과 건설적인 관계를 만들어가는 것, 이 지역 동맹국 및 파트너 국가와의 관계를 강화하는 것 등입니다. 이 같은 목표를 달성하기 위한 기반이 지역 국가 국민들과의 인적 관계이며, 이러한 인적관계 및 정부, 여론 주도층, 언론, 시민사회와의 관계를 강화하는 것이 공공외교 프로그램의 목표입니다. 미국의 북한 관련 공공외교를 다루면서 더 자세히 설명하겠지만, 동아태국은 국제 평화와 안보에 북한의 핵이 가하는 위협에 대한 일반인들의 인식을 제고하기 위해 핵심 여론 주도층을 교육하는 공공외교 사업을 추진하고 있습니다. 그 가운데에는 소셜미디어를 비롯한 언론인들의 취재 투어 프로그램, 북한의 인권 상황을 알리는 프로그램이 있으며, 민주주의·인권·노동국과 함께 프로그램을 운영합니다. 이 프로그램의 일환으로 탈북자들에 대한 영어교육과 미국 방문 프로그램을 서울의 미국대사관에서 실시하고 있습니다.

중국과 건설적인 관계를 만들기 위한 공공외교 노력도 있습니다. 베이징의 주중 미국대사관과 중국 내 다섯 개 영사관은 중국 정부의 프로파간다에 대응하고, 중국 대중과의 연계를 강화하기 위한 메시지와 함께 관련 프로그램을 개발하고 있습니다. 이들은 미국이 중시하는 인권·민주주의·시장경제와 같은 가치를 증진하기 위해 인권 문제나 신장위구르 및 무슬림 탄압 문제 등에 대해 중국인들과의 토론을 중국 소셜미디어에서 정기적으로 개최합니다. 주중 미국대사관의 웨이보 계정 팔로워는 250만 명으로 베이징 주재 외국 대사관 중 가장 많습니다. 여러 종류의 소셜미디어를 통해 주중 미국 공관들이 매일 350만 명의 중국 시민들에게 메시지를 송출합니다.

동아태국에서 시행하는 대표적 프로그램을 하나 소개하겠습니다. 동남아시아 청년 리더 이니셔티브(Young Southeast Asian Leaders Initiative, 이하 YSEALI)는 자유롭고 개방된 인도-퍼시픽을 위해 이 지역 정부와 경제계, 시민사회의 젊은 리더들과의 연계를 강화하는 프로그램입니다. 젊은 미래 리더들의 역량을 강화하고 미국과 동남아시아인 간의 인적 연대를 두텁게 하는 것을 목적으로 합니다. 이 프로그램의 온라인 회원은 2019년 현재 15만 2000명에 달합니다. 동아태국 산하 교육문화국은 전문적·학술적 교류를 담당하고 있으며, 지역 차원의 워크숍, 장학금 지원, 지역 사회 봉사 캠페인, 소셜미디어를 통한 소통 등을 시행하고 있습니다.

4) 국무성 국제기구국

국제기구국은 뉴욕, 제네바, 빈, 로마, 몬트리올, 나이로비에 공관을 보유하고 있으며, 이를 통해 다자외교 차원에서 미국의 이익을 증진하는 역할을 합니다. 국제기구국도 본연의 임무 외에 공공외교 프로그램을 진행하고 있습니다. 가장 기본적인 것은 UN을 비롯한 다른 국제기구의 주요 직원들과의 관계 강화입니다. 최근 디지털 혁명과 국제 현안들이 늘어나면서 국제기구국의 공공외교 활동이 크게 늘어났습니다. 국제기구국 내의 공보 부서와 기획 부서, 조정 부서는 주요 국제 현안에 대한 미국의 리더십 강조, UN 개혁에 대한 국제적 지원 개발, 미국의 다자외교와 관련된 젊은 청중과의 연계 강화 사업 등을 공격적 언론 대응, 교육 교류, 강연 프로그램 등을 통해 수행합니다.

대표적 사업으로는 2013에 시작된 유엔 미국청년옵서버 프로그램을 들 수 있습니다. 미국유엔협회와 함께 19세부터 25세 사이의 미국 젊은이들을 유엔 청년옵서버로 선발합니다. 이들은 유엔 총회 및 다른 유엔 기관의 청년 컨퍼런스에 참여해 자신들의 견해를 전달합니다. 2018년에는 청년옵서버들이 유엔경제사회국이 주최하는 청년 포럼, 네덜란드에서 열린 글로벌 기업가정신 정상회의(GES: Global Entrepreneurship Summit), 싱가포르에서 열린 동남아시아 청년 리더 이니셔티브(YSEALI: Young Southeast Asian Leaders Initiative)에 참여했습니다.

5) 미국세계언론기구

미국은 1999년 USIA가 가지고 있던 방송 기능을 방송위원회로 편입시켜 운영해 오다가, 2018년 USAGM로 명칭을 바꿨습니다. USAGM은 연방 기관으로 미국의 민간 국제방송을 관할하며, 앞서 언급했듯이 VOA와 쿠바 방송국, 자유유럽방송, 중동방송네트워크, 자유아시아방송 이렇게 다섯 개의 방송조직으로 구성됩니다.

USAGM는 전 세계의 자유와 민주주의를 지원하기 위해 세계인들과 연계하고, 정보를 전달하는 것을 목표로 합니다. 전체 공공외교 예산 중 가장 많은 예산을 사용하고 있는데, 전 세계를 대상으로 TV, 라디오, 위성방송, 웹, 모바일 서비스, 소셜미디어 등을 활용해 61개 언어로 프로그램을 제작·송출하기 때문이라고 생각합니다. USAGM의 언론들은 허위 정보, 언론 검열, 극단적 레토릭에 대안을 제시하여 자유언론의 롤모델이 되고자 하며, 미국 국가안보전략(National Security Strategy)의 목표를 지원하고 이 전략의 지침을 수행합니다. 미국의 국가안보전략과 USAGM의 '2018-22 전략계획'에 따라 USAGM은 다섯 가지 전략 우선순위를 정했는데, 그중 민간방송 네트워크 콘텐츠와 관련해 "러시아와 그 주변, 중국, 북한, 이란, 쿠바와 극단주의자들의 공격에 위협받고 있는 나라를 포함한 국가들의 청취자와 주요 이슈에 집중한다"라는 방침을 세웠습니다. 또한 USAGM은 외국 정부의 인터넷 검열에 대응하기 위한 활동을 전개합니다. 2002년부터 USAGM은 폐쇄적인 국가에 뉴스를 전달하고 표현의 자유에 관한 토론장을 제공하기 위해 외국 정부의 인터넷 검열을 우회하는 활동을 하고 있습니다. 이 활동에는 세계 70여 곳에서 행해지는 인터넷 검열에 대한 모니터링 등이 포함됩니다. 또한 이란과 같은 폐쇄적인 국가에서 온라인 소통을 확보할 수 있는 기술, 인터넷 검열을 우회할 수 있는 기술들을 모바일 앱을 통해 공급하고 있습니다.

USAGM 소속 기관 중 자유아시아방송과 VOA 방송의 북한 관련 미디어 공공외교 활동을 살펴보겠습니다.

(1) 자유아시아방송

자유아시아방송(Radio Free Asia)은 1997년에 시작된 라디오 채널로서 한국어로 방송됩니다. 이 채널은 북한에 대한 자유로운 정보와 논평, 탈북자들의 경험담을 북한에 송출하고 있습니다. 또한 북한에서 발생한 긴급 소식들을 북한 소식통과 북한 탈북자들의 목소리를 통해 전달합니다. 약 20명의 북한 탈북민들이 한국어 방송 프로그램 제작에 도움을 주고 있습니다. 자유아시아방송은 북한에 올바른 정보를 전달하고 북한의 거짓 선전에 대응하기 위해 고화질 비디오 프로그램을 제작하고 있습니다. 탈북민들의 한국에서의 생활과 외부 세계의 소식 등이 이 비디오 프로그램의 주요 내용입니다.

자유아시아방송은 북한 관련 소식을 외부 청취자에게 전달하는 역할도 하고 있습니다. 2018년 4월 북한이 UN 제재를 피하기 위해 러시아를 거쳐 석탄을 수출하고 있다는 소식을 방송하자 러시아 정부가 이에 대해 조사하겠다고 응답한 적이 있습니다. 이 라디오는 김정은 정권의 금고를 채우기 위한 북한의 노동자 수출 현황을 전 세계적으로 취재해 보도하기도 했습니다. 또한 남한의 문화를 소개하는 프로그램도 방송 중입니다. 자유아시아방송은 페이스북, 유튜브, 트위터 등 소셜미디어 계정도 운영하고 있습니다.

(2) 미국의 소리 한국어 방송

미국의 소리 한국어 방송(Voice of America Korean Service)은 1942년에 시작되었습니다. 현재 미국의 소리(이하 VOA)는 한국과 북한, 미국에 관한 소식, 특히 북한의 인권침해와 핵무기 및 미사일 프로그램에 관한 뉴스를 보도하고 있습니다. 이 방송은 북한의 엘리트 계층들을 타깃으로 삼아 그들에게 미국의 북한에 대한 정책 및 대응에 관해 정보를 제공합니다. 또한 북한 정부의 대미 프로파간다나 거짓 선전들에 대해 대응합니다. VOA는 2017년, 플랫폼의 다양화를 위해 TV 프로그램을 시작했습니다. 이 프로그램들은 VOA 홈페이지와 위성 네트워크 이외에 소셜 미디어를 통해서도 배포되고 있습니다. 최근 유튜브에서 VOA TV 프로그램의 인기가 급상승하여, 2019년 6월 구독자가 8만 명을 돌파했습니다. 특히 러시아와 같이 북한 노동자들이 많고 북한 관리들이 자주 방문하는 나라에서 구독 수가 늘어나고 있습니다.

4. 사례: 미국의 대북한 관련 공공외교

미국의 대외정책에서 북한을 둘러싼 가장 큰 관심은 핵무기입니다. 북한은 국제사회의 압박과 미국, 유엔의 제재에도 핵 프로그램을 계속 진전시키고 있습니다. 이미 20~60개 정도의 핵무기를 보유 중이며, 1년에 6개 정도의 핵무기를 만들 수 있는 능력이 있다고 미국은 보고 있습니다. 이에 대해 미국은 대외정책 측면에서 북한의 핵 프로그램을 중단시키고 폐기하기 위해 노력 중입니다. 흥미로운 점은 미국은 전통적 외교를 통한 북한 핵 폐기 노력(단독제재, UN 제재, 대북협상 등등) 외에도 공공외교적 수단을 통한 노력도 기울이고 있다는 것입니다. 미국의 북한 관련 공공외교의 실제를 살펴보면 공공외교가 단순한 국가이미지나 호감도 개선을 넘어 중요 대외정책 어젠다들에 어떻게 활용되고 있는지를 알 수 있을 것이라고 생각합니다. 지금부터 소개하는 내용은 미국공공외교자문위원회(U.S. Advisory Commission of Public Diplomacy)의

「2019년 연례종합보고서」 내용 중 북한 관련 부분들을 발췌해 정리한 것입니다.

「2019년 연례종합보고서」 중 북한 관련 내용은 국무성의 국제안보비확산국 관련 부분, 글로벌 연계 센터, 미국의 동아시아(East Asia) 지역에 대한 공공외교, 국제방송 활동 중 자유미국방송(Radio Free America)과 VOA 활동 등입니다.

1) 국제안보비확산국

국제안보비확산국(Bureau of International Security and Nonproliferation)의 전략적 커뮤니케이션 및 대민사업실(SCO: Office of Strategic Communications and Outreach)은 언론과 소셜미디어를 담당하고, 학계, 민간 부분, 시민 단체들과의 접촉 활동을 수행합니다. 진행하는 대표적인 북한 관련 프로그램으로는 대북한 압력 캠페인(DPRK Pressure Campaign)이 있습니다. 국제안보비확산국은 이 캠페인을 통해 다른 국과 긴밀히 협력하여 북한의 핵과 미사일 프로그램 중지를 위한 미 정부의 압박 효과를 높이는 작업을 합니다.

2) 글로벌 연계 센터

앞서 언급했듯이 글로벌 연계 센터(Global Engagement Center, 이하 GEC)는 미국의 여러 기관과 외국의 파트너 국가 및 기관들의 네트워크를 통해 프로파간다나 가짜뉴스에 대응하는 활동을 합니다. GEC의 중국-북한(China-DPRK)팀은 동아시아 및 태평양국, 차관실 그리고 국무성의 다른 국들과 협력하여 중국과 북한의 프로파간다와 가짜뉴스에 대응하기 위한 수단들을 관리하고, 그러한 활동들을 조정합니다.

3) 동아시아태평양국

동아시아태평양국(Bureau of East Asian and Pacific Affairs)의 대외정책 목표 중 하나는 북한에 대한 정치적·경제적 압박을 강화하여 북한의 핵무기와 탄도 미사일 프로그램을 포기하도록 설득하는 것입니다. 동아태국의 공공외교 프로그램 역시 북한의 비핵화를 위한 국제적 노력을 강화하는 것입니다. 2018년 싱가포르 북미정상회담 이후 동아태국의 공공외교 전략은 북한이 핵을 포기한다면 밝은 미래가 보장된다는 것을 제시하고, 북한이 비핵화 약속을 준수하도록 국제사회와의 협력을 강화하는 것입니다. 동아태국은 북한의 핵이 국제 평화와 안보에 가하는 위협에 대한 일반인들의 의식을 제고하기 위해 핵심 여론 주도층을 교육하는 공공외교 사업을 추진하고 있습니다.

또한 언론인과 소셜미디어 전문가들에게 북한 핵의 위험성과 이에 대한 미국의 정책을 정확히 설명해 줄 수 있는 외교관, 미국 군 장교들, 학자들, NGO 대표들과의 만남을 제공하는 취재 투어(reporting tour) 프로그램을 운영합니다. 이 프로그램은 주요 여론 주도층에게 북한과 관련된 정보를 제공하고, 북한의 비핵화 진전에 대한 지지를 이끌어내는 신문기사와 방송 프로그램이 편성되는 것을 목표로 합니다. 2018년 시작된 이 프로그램은 동아태국의 공공외교과에서 관장하며, 동아태국 내의 6개 세부 지역 단위로 각각 10명 내지 12명의 언론인이 참여하는 투어를 운영합니다. 참가자들은 미국과 한국의 공무원들, 싱크 탱크의 전문가들, 학자들의 브리핑을 듣고, 투어를 마친 뒤 3~6개의 기사를 작성해야 합니다. 동아태국은 민주주의·인권·노동국과 협력하여 북한의 심각한 인권 상황을 알리는 사업을 합니다. 해당 사업은 탈북자들을 활용해 북한의 인권 침해 및 인권탄압에 대한 연구와 디지털 프로그램들을 만들고 있습니다.

이 사업의 일부로서 서울의 주한 미국대사관은 탈북자들에게 영어 교육 기회를 제공하고, 이들이 미국 사회를 이해하고 일자리를 얻는 데에 도움을 주며 영어 구사 능력을 강화하기 위한 미국 여행과 방문 프로그램을 운영하고 있습니다. 주한 미국대사관은 2018년 '다음 세대가 중요하다'는 뜻의 '넥스트젠 매터(NextGen Matters)' 프로그램을 시작했습니다. '넥스트젠 매터'는 주요 지정학적 이슈에 대한 한국 젊은이들의 생각을 듣고 토론하는 프로그램으로서 1000명의 한국 젊은이들을 대상으로 합니다. 이와 함께 대사관은 ACCESS 프로그램(English ACCESS Microscholarship Program, 영어 액세스 소액장학 프로그램)을 파일럿 프로그램으로 추진했는데, ACCESS 프로그램은 젊은 탈북민들의 영어 능력을 강화하고 미국의 문화와 가치, 그리고 이들의 리더십 역량을 배양하는 프로그램입니다. 이를 위해 국무성은 영어교육 직원들을 탈북민을 위한 한국 현지 고등학교에 배치했습니다. 2018년 9월에는 6개 탈북민 고등학교의 학생 일곱 명과 지도교사가 2주간의 미국 대학 교육 투어에 참가했습니다. 주한 미국대사관은 9000명 정도의 미국 정부 교환 프로그램 수료자들을 관리합니다. 이 중에는 대사관 교환 프로그램에 참가한 150명의 북한 탈북자들을 포함하고 있습니다.

미국의 대북한 미디어/디지털 공공외교 내용은 USAGM 부분(자유아시아방송과 미국의 소리 한국어 방송)을 참조하시길 바랍니다.

제10장

중견국과 공공외교

1. 중견국 공공외교의 내용과 특징

국제 체제에서 가장 중요한 역할을 하는 나라는 물론 미국과 같은 강대국입니다. 이들은 경제력, 군사력 등의 물질적 자원, 그리고 소프트파워 및 어젠다를 설정할 수 있는 능력과 규범을 형성할 수 있는 비물질적 자원들을 바탕으로 국제사회에서 영향력을 행사하고 중요한 역할을 수행합니다. 하지만 국가들 간의 관계가 다양하고 복잡해지면서 군사적 영역이 아닌 분야, 예를 들어 문화·인권·환경 등의 영역에서 강대국 못지않게 영향력을 발휘하여 중요한 역할을 하는 나라들이 생겨나고 있습니다. 우리는 이런 국가들을 중견국(middle power)이라고 부릅니다. 중견국을 구분하는 범주는 학문적으로 합의된 기준이 없습니다. 다만 중견국이, 국가의 크기나 경제력이 '중간 정도'라는 뜻이 아니라는 것은 확실합니다. 물론 국력이나 경제력 등이 너무 약한 약소국이 중견국이 될 수는 없을 것입니다. 학계에서는 강대국이나 약소국은 아니나 일정한 물질적 능력이 있고, 특정한 행태적 특성을 띠는 나라들을 중견국으로 분류하는 것 같습니다. 그러나 이러한 구분은 지극히 주관적이기에 어떤 나라가 중견국인지에 대해서는 늘 논쟁이 있을 수 있습니다. 앞에서 말한 중견국을 규정하는 기준 중에서 매우 중요한 것이 '행태적 특성'입니다. 쉬운 말로, 특정하게 행동하는 방식이 있다는 뜻입니다. 중견국은 대개 비슷한 행동 양식이 있는데, 일반적으로 국제 현안 및 글로벌 차원의 질서 형성에 대한 관심과 거기에 영향을 미치려는 의지가 있고, 다자적 협력으로 국제 현안을 해결하고자 한다는 것 등입니다. 일반적으로 캐나다, 호주 등 영연방 국가나 스웨덴, 노르웨이와 같은 북유럽 국가들이 오래전부터 중견국으로 불려왔습니다. 이 국가들 이외에도 브라질, 멕시코, 터키, 인도, 인도네시아 등이 신흥 중견국가로 불리고 있습니다. 이들의 특징은 강대국 중심의 기존 질서를 바꾸기 위해 노력하는 경향을 보인다는 것입니다. 냉전 구도나 신자유주의적 국제경제질서를 개편하기 위한 다자적인 노력을 추구하기도 합니다. 한국 역시 중견국으로 분류되곤 하고, 실제로 중견국 협력체인 MIKTA(Mexico, Indonesia, Korea, Turkey, Australia)에 적극적으로 참여하고 있습니다.

중견국의 외교 행태에 대해 좀 더 알아보도록 하죠. 먼저 앤드루 쿠퍼(Andrew Cooper)와 동료들의 연구에 따르면 중견국가의 외교행위를 보면 국제문제에 대해 다자적인 해법을 모색하고, 국제분쟁에서 비교적 타협적인 자세를 견지하며, 외교 지침으로서 선한 국제시민 의식(good international citizenship)을 수용합니다. 또한 국제사회에서 중견국가로 인지되는 행위자들은 다자적 기구나 과정을 통해 국제적인 규범을 형성하는 경향성을 보입니다(Cooper, et al, 1993). 이러한 행태적 특성에 따라 중견국가들이 국제정치의 장에서 주도적인 역할을 하고 있는 의제는 주로 강대국들이 담당하기 어려운 인간안보, 문화, 환경 등의 영역입니다. 대표적 예로 캐나다는 인간안보 의제에서 강대국을 비롯한 다른 어떤 나라들보다도 중추적인 역할을 해오고 있습니다. 개러스 에번스(Gareth Evans)와 브루스 그랜트(Bruce Grant)는 중견국은 전체 영역을 아우르기보다 어떤 한 특정한 분야에 자원을 집중하는 틈새 외교를 펼친다고 그 행위적 특성을 설명합니다. 중견국의 이러한 틈새 외교는 강대국의 관심이나 인센티브가 적고, 약소국의 능력이 부족한 쟁점 영역에 자신의 외교 자산을 집중함으로써 두드러진 역할을 수행하기 위한 것입니다(Evans, Grant, 1995). 또한 중견국의 리더십은 외교적 정책들을 수립할 때 촉매 역할 의제를 설정하고 연합을 구축할 때의 협력자, 그리고 규범을 형성하고 제도화를 돕는 관리자나 운영자로서 발휘됩니다. 중견국으로서 훌륭한 틈새외교를 펴기 위해서는 정보의 수집과 이용 능력, 의사소통 능력, 다자적 기구를 활용할 수 있는 능력들이 중요하게 요구됩니다.

이러한 틈새외교와 다자외교, 그리고 국제적 공익성을 강조한 외교 행태와 더불어 중견국들은 공공외교가 잘 어울리는 나라들입니다. 이들은 물질적 능력이 아닌 자신들의 가치와 규범, 문화적 자산, 세계에 대한 기여를 강조하는 데에서 나오는 도덕적 힘 등을 활용해 상대국 대중, 나아가서 지구촌 대중에게 어필하고 자신의 메시지를 전달할 수 있는 공공외교를 매우 중요하게 생각해 많은 노력을 기울이는 것입니다. 그리고 중견국들이 펼치는 독특한 목표와 내용 등은 공공외교 추진 체계에도 영향을 미치는 것으로 보입니다. 예를 들어 냉전 시기 미국의 공공외교가 VOA와 같은 방송매체 역할을 강조했다면, 탈냉전기 중견국의 공공외교는 문화 관련 부서나 개발협력 관련 기구의 역할이 크다는 연구 결과들이 있습니다.

2. 중견국 공공외교 사례

1) 캐나다의 중견국 공공외교

캐나다는 외교정책 중 공공외교를 중요시하고, 지구적 공공재에 많은 관심을 보이는 나라로 알려져 있습니다. 물론 역사적으로 어떤 정부(보수당 정부인지 혹은 자유당 정부인지)가 들어섰느냐에 따라 강조점의 정도가 달라지기는 했지만, 캐나다는 지구적 차원의 평화유지(peace keeping) 등 보편적인 가치를 외교정책의 중요한 목표로 추구해 왔습니다. 이 같은 전통은 여러 가지로 설명할 수 있지만, 캐나다의 지정학적 위치와도 관계가 있습니다. 캐나다는 북미에 존재하고 있어 다른 대륙으로부터 고립되어 있고, 오직 미국과 국경을 접하고 있어 외교·안보정책상으로 특별한 과제가 없어 보입니다. 물론 미국과의 관계에서 다양한 문제가 있기는 하지만, 캐나다의 생존에 영향을 미칠 만한 안건은 아닙니다. 특별한 외적의 위협이 없으므로, 보편적인 지구촌의 문제에 관심을 가질 수 있는 것이겠지요.

지리적으로 고립된 상황과 캐나다의 국력을 감안할 때, 강대국이 아닌 캐나다가 국제사회에서 존재감 있게 발언권을 갖기 위해서는 양자적인 외교에 힘을 기울이기보다 다자적인 이슈와 플랫폼에 더 집중할 수밖에 없습니다. 이런 까닭에 국제사회에 긍정적인 역할을 함으로써 자국의 이미지와 영향력을 추구하는 외교 전략을 취하게 된 것으로 보입니다. 캐나다 외교의 또 하나의 특징은 시민사회와의 협력을 통한 외교의 실행입니다. 시민사회와의 연계는 국내적으로도 이루어지지만, 지구시민사회와의 연계로도 나타납니다. 캐나다 국제개발단(CIDA: Canadian International Development Agency)[10]은 시민사회와의 연계에 핵심 역할을 했습니다. 지구시민사회에서 캐나다가 가진 공공외교 성공의 핵심 자산은 잘 발달된 시민사회와의 네트워크라고 할 수 있습니다.

'대인지뢰금지조약'이 만들어지고 발효되는 과정에서 국제대인지뢰금지운동(International Campaign to Ban Landmine, 이하 ICBL)이 어떤 역할을 했는지 잘 알고 계실 겁니다. ICBL은 대인지뢰 사용 금지를 위한 전 세계 NGO 및 단체들의 자발적 네트워크입니다. 이들은 대인지뢰금지조약을 만들어낸 공로로 노벨평화상을 수상했습니다. 대인지뢰금지조약은 국가들의 영역, 그것도 국가들이 시민사회단체의 간섭과 참여를 가장 꺼리는 군사 및 군축 분야에서 국가들의 행동을 구속할 수 있는 조약을 만들어낸 사례로 주목받았습니다. 그런데 이 과정에 많은 주권국가가 중요한 역할을 했고(특히 캐나다, 노르웨이, 오스트리아 등), 특히 캐나다의 지도적 노력이 없었다면 이 조약의 체결과 발효가 불가능했다는 사실을 아는 사람들은 많지 않습니다.

대인지뢰금지조약이 서명된 곳은 캐나다의 수도 오타와입니다. 그래서 이 조약을 '오타와 의정서'라고 부르기도 합니다. 이 조약이 캐나다의 수도 오타와에서 조인된 것은 캐나다 외교부[특히 외교부 장관 로이드 액스워디(Lloyd Axworthy)]가 주도적 역할을 했기 때문입니다. 캐나다는

---

10) CIDA는 2013년 Department of Foreign Affairs(외교부)에 흡수되었고 외교부는 Department of Foreign Affairs, Trade and Development로, 그리고 2015년에는 Global Affairs Canada로 개칭되었습니다.

외교적 노력을 통해 이 조약 체결에 동감하는 나라들과 연대함으로써 다른 국가들을 설득하는 노력을 주도했습니다. 그러나 대인지뢰금지운동으로 주권국가들을 설득·압박해 조약에 서명하는 데에 기여했지만, 조약을 체결하는 것은 결국 국가들의 영역이므로, 조약을 준비하고 장소를 제공하며 행정적 편의를 제공하는 등의 지원을 제공하는 것도 국가들만이 할 수 있는 일입니다. 캐나다는 이러한 역할들을 통해 대인지뢰금지조약의 성공에 절대적인 기여를 하게 됩니다.

여기서 우리는 왜 캐나다가 대인지뢰금지조약에 이렇게 적극적이었는지 질문해 봐야 합니다. 캐나다는 사실 대인지뢰와 별 관련이 없습니다. 캐나다는 미국과만 국경을 접하고 있기 때문에 전쟁 위협을 안고 있거나 대인지뢰의 피해를 볼 가능성이 적습니다. 물론 PKO와 같은 해외 파병을 지원하기 때문에 해외에서의 피해 가능성은 열려 있지만, 그 위험성도 매우 적습니다. 그렇다면 자기 나라와 별 관련이 없는 대인지뢰금지조약을 성사하는 데에 예산과 자원을 투입하면서 왜 그리 열정적으로 임했을까요? 기본적으로 캐나다는 자국의 독점적 이익을 위해 이 이슈에 헌신한 것이 아닙니다. 당시 캐나다는 외교정책의 중요한 가치로 '인간안보'를 추구했습니다. 이것은 당시 외교장관 로이드 액스워디의 중요한 어젠다였습니다. 인간안보란 안보의 궁극적인 대상은 국가가 아닌 개개 인간으로서, 국가들은 개개 인간의 안보를 보호할 의무가 있다는 생각입니다. 국가와 인간의 안보는 늘 같이 가지는 않습니다. 북한의 경우를 보면 인간안보와 국가안보의 관계를 잘 알 수 있습니다. 북한은 자국의 안보를 위해 엄청난 국방비를 지출합니다. 그 때문에 북한 주민들은 생존에 필요한 식량이나 의료 서비스를 충분히 공급받지 못해 굶어 죽거나 적절한 치료를 받지 못해 사망하기도 합니다. 국가안보와 인간안보가 상충되는 것이지요. 캐나다는 대인지뢰 역시 그러한 성격이 있다고 생각했습니다. 대인지뢰는 국가안보를 위한 무기이지만 그 피해자는 대부분 민간인이기 때문에, 대인지뢰가 인간의 안보를 위협하므로 금지해야 한다고 생각한 것입니다. 사실 대인지뢰가 문제시된 것은 캄보디아 같은 나라에서 전쟁 중에 매설했던 다량의 대인지뢰가 홍수 등으로 민간인 거주지역에 떠 내려와, 뛰어 놀던 아이들이 밟아 다리를 잃는 사고가 빈번히 일어나면서 민간인에 대한 대인지뢰의 위험성이 제기되었습니다. 통계를 보면 대인지뢰 피해의 70%가 민간인 피해자입니다.

요약하면 캐나다는 대인지뢰를 인간안보 이슈로 보아 이 문제 해결을 자국 외교정책의 주요 과제로 삼아 이 문제를 공론화하며 시민사회단체들과 협력을 통해 문제 해결에 나선 것입니다. 캐나다는 대인지뢰금지를 추진하던 NGO들과 함께 특정재래식무기 금지협약(이하 CCW)에 동참하도록 회원국 설득에 나섭니다. 대인지뢰를 CCW의 대상으로 받아들여야 한다는 것을 호소한 것이지요. 이러한 노력 끝에 대인지뢰금지를 수용하겠다는 국가의 수가 급격히 늘어났습니다. 그러나 강대국들이 대인지뢰 금지가 아닌 규제까지만 수용하겠다는 태도를 보이자, 캐나다는 CCW 틀 속에서의 문제 해결을 추진하는 대신 대인지뢰금지에 참여하는 NGO와 국가들이 모여 대인지뢰금지를 위한 국제회의를 열자고 제안합니다. 이것이 오타와 협약으로 결실을 맺어 오타와 프로세스가 시작입니다.

오타와 협약의 제안자는 ICBL이었지만 이 초안은 캐나다 외교부와의 조율을 거쳐 만들어졌고, 이 초안이 나오는 과정 그리고 국가들이 서명하는 과정에서 캐나다 외교부는 중심 역할을 했습니다. 이 같은 역할을 통해 캐나다는 인간안보 증진을 위해 외교적 노력을 기울이는 나라라는 이미지와 정체성을 다시 한번 국제사회에 각인시킵니다. 이와 같은 캐나다의 공공외교는 독점적 국가이익을 위해 특정 국가 대중을 대상으로 이루어지는 공공외교가 아니라, 지구촌의 공공선(인간안보)을 위해 지구시민사회에 이슈의 중요성을 알리고, 또 해결책을 찾기 위해 지구시민사회 행위자들과 협력하며 문제 해결에 노력하는 전혀 다른 형태의 공공외교로 볼 수 있는 것입니다.

2) 호주의 중견국 공공외교

호주는 비슷한 배경을 가진 영국이나 캐나다와 달리 공공외교에 대한 관심이 비교적 최근에 시작되었습니다. 미국이나 영국, 캐나다가 자국의 공공외교 현황에 대한 포괄적이고 독립적인 검토를 2000년대 초에 이미 마친 것에 비하면, 호주는 출발이 늦었다고 할 수 있습니다. 그렇다고 호주가 공공외교의 중요성에 대해 전혀 인식하지 못한 것은 아닙니다. 『1997 국가이익백서(White Paper, In the National Interest)』에 "호주의 국제적 평판이 호주의 국가이익을 증진하는 중요한 요소이며 책임있고 건설적이고 실용적인 국가라는 국제적 평판은 호주의 외교정책의 중요한 자산이다"라고 명시된 데에서 공공외교에 대한 인식을 발견할 수 있습니다. 2003년에는 외교부가 공공외교를 외교부의 주요 업무와 통합하기 위해 몇 가지 조치를 내린 적이 있습니다. 그러나 호주가 본격적으로 공공외교에 대해 전면적인 정책 검토를 시작한 것은 2000년대 중반으로 볼 수 있습니다.

호주가 공공외교에 대한 중요성을 심각하게 인식하게 된 데에는 몇 가지 이유가 있습니다. 그중 가장 중요한 것은 호주라는 국가의 특성에서 기인합니다. 호주는 큰 영토를 보유하고 있지만 인구나 경제 규모로볼 때 중간 정도 규모의 국가입니다. 또한 지리적으로 대륙으로부터 분리되어 있습니다. 영어문화권이고 영연방국가이지만, 경제적·정치적으로 가장 중요한 국가들은 주변에 있는 아시아 국가들입니다. 따라서 호주가 적극적으로 공공외교에 나서지 않을 경우 아시아·태평양 지역에서 호주의 중요성, 역할, 인지도 등은 계속 감소할 것이라는 인식이 2000년대 후반에 나타났습니다. 한편으로 이러한 인식은 중국을 비롯한 일본, 한국 등 아시아의 국가들이 국제무대에서 영향력을 강화하는 상황과도 무관하지 않았습니다.

공공외교의 중요성이 강조된 또 하나의 이유는 호주에 대한 고정적인 이미지 때문입니다. 호주가 영국이나 미국의 전초기지 정도로 인식되고 있으므로 미국 혹은 영국과 구별되는 호주만의 이미지가 없다는 점이 문제로 떠올랐습니다. 미국과 영국과의 친밀한 관계에서 나오는 이러한 특성은 호주가 자신만의 이미지를 만들거나, 국제사회에서 정체성을 만들어 전파하는 데 장애가 되고 있기 때문에 공공외교가 더욱더 중요해진 것입니다.

마지막으로 호주가 국제사회에서 갖고자 하는 이미지와 외국인들이 호주에 대해 가지고 있는 이미지에 큰 차이가 있다는 점입니다. 호주 정부는 호주가 국제사회의 책임 있는 일원으로서 법에 의한 지배를 추구하고, 인도주의적 필요에 적극적으로 지원하며, 주변 국가들의 경제적 발전에 건설적인 역할을 하는, 뛰어난 과학기술, 높은 수준의 교육기관을 갖춘 국가로 인식되기를 바랍니다. 그러나 세계인들은 아름다운 해변, 사막, 캥거루 등 관광 국가로서의 이미지와, 역동적이거나 근면 또는 노력하는 것이 아니라 유유자적하게 삶을 즐기는 사람들이라는 이미지를 가지고 있는 것입니다.

아시아·태평양 지역에서 일어나는 국제정치 환경의 변화 역시 호주가 공공외교에 관심과 노력을 기울이게 하는 배경이 되었습니다. 사실 호주는 냉전 시기에 서구 강대국과 아시아를 포함한 약소국 사이의 가교 외교를 통해 평화 체제 구축, 반인종차별주의 확산, 자유무역 확산 등에 기여했고, 탈냉전 시기에도 미국 및 아시아를 연계해 APEC 창설에 기여함으로써 평화, 지속 가능한 발전, 인권 가치 등에 중점을 두는 전형적인 중견국 외교를 성공적으로 펴온 경험이 있습니다. 그러나 중국의 부상은 이 지역에서 수행해 왔던 호주의 역할에 중대한 도전이 됩니다. 특히 중국과 타이완은 남태평양 지역에 대한 경제 지원을 통해 외교적 경쟁을 벌이고 있습니다. 결과적으로 아시아·태평양 지역에서 호주의 영향력과 중요성은 감소하게 됩니다. 특히 중국이 매력 공세(charm offensive) 형태의 공공외교를 강화하고 있기 때문에 호주의 정치적 영향력은 계속 축소되고 있었습니다.

많은 호주의 전문가들은 호주가 이 지역에서 예전에 누리던 지도적 지위를 유지하지 못하고 있다고 평가합니다. 2006년 시카고국제문제협의회(CCGA: Chicago Council on Global Affair)의 여론조사에 의하면 아시아에서 호주의 영향력을 묻는 질문에 중국 응답자들은 6.2점을, 인도의 응답자들은 5.2점을 주었습니다. 중국 응답자의 6.2점은 인도네시아보다 약간 높은 수치이고, 인도 응답자들의 5.2점은 한국과 같은 점수였습니다.

이러한 여러 가지 환경 변화와 소프트파워의 중요성이 증가되는 국제사회 분위기, 그리고 주변 국가들이 본격적으로 영향력 강화 경쟁에 나서고 있는 상황에서 호주는 공공외교에 대한 재검토와 강화가 필요하다고 인식하게 되었습니다. 이에 2006년 11월 호주 의회(Senate)는 외교국방통상위원회(Standing Committee on Foreign Affairs, Defence and Trade)에 공공외교 관련 조사(inquiry)를 요청했고, 위원회는 2007년 8월 「호주의 공공외교: 이미지 구축(Australia's Public Diplomacy: Building Our Image)」이라는 보고서를 작성했습니다. 9개월간의 연구를 통해 244페이지 분량으로 제출된 이 보고서에는 호주의 국제적 이미지와 역할을 제고하기 위한 20개 항의 정책 권고가 담겨 있습니다.

호주의 공공외교에는 매우 다양한 정부 및 민간 기관이 참여하고 있습니다. 공공외교에서 가장 중요한 역할을 하는 것은 물론 외교통상부(Department of Foreign Affairs and Trade)이지만, 「호주의 공공외교: 이미지 구축」에 따르면 정부의 전 부처를 포함한 정부 산하기관이 공공외교 활동을 하고 있습니다. 호주 공공외교의 추진 체계는 다른 나라들과 마찬가지로 잘 조직화되어 있지는 않습니다. 호주의 외교통상부는 공식적인 차원에서 공공외교를 관장하는 역할을 합니다. 2010년도 외교통상부의 조직 구성을 보면 공공외교를 담당하는 부서는 CPD부(CPD division: Consular, Public Diplomacy & Parliamentary Affairs Division)입니다. 이 CPD부에서 공공외교 분과(Public Diplomacy Branch)는 웹 운영관리과(Web Management Section), 문화외교과(Cultural Diplomacy Section), 옹호·전략·미디어/행사과(Advocacy, Strategies, Media and Event Section) 등 세 개 하위 과(section)로 구성되어 있습니다. 이러한 새로운 구성은 공공외교 수단으로서의 사이버 공공외교와, 문화외교, 대중매체의 중요성이 반영된 것으로 보입니다.

호주의 외교통상부는 다양한 관계 기관과 함께 공공외교를 위한 활동을 벌이고 있습니다. 공공외교에서 호주 외교통상부의 중요한 역할은 양자적 재단(bilateral foundation), 위원회(council), 기구(institute)들에 사무국을 제공하고, 이들과 협력해 민간 차원의 연계를 발전시켜 호주의 이미지를 증진함으로써 정부의 대외정책 목표를 지원하는 것입니다.

호주 공공외교에서 양자적 재단의 역할은 매우 중요합니다. 1976년에 호주-일본 재단이 만들어진 이후 현재 호주-중국 위원회, 호주-인도 위원회, 호주-인도네시아 기구, 호주-한국 재단, 호주-남미 관계 위원회, 호주-아랍 관계 위원회, 호주-말레이시아 기구, 호주-태국 기구가 활동하고 있습니다. 보통 이러한 재단, 위원회, 기구는 상호 간의 이해를 높이는 행위들을 하는데, 호주학 프로그램과 인적 교류 프로그램 등이 이 중 가장 중요한 활동입니다. 이들은 프로젝트에 대한 재정 지원과 함께 주로 호주의 다문화사회, 개방성, 진취성 등을 보여주며, 기관들이 장기적 연계를 증진할 수 있는 프로젝트들을 지원합니다.

호주-한국 재단(Australia-Korea Foundation)를 사례로, 양자적 재단의 성격과 역할에 대해 알아보겠습니다. 호주-한국 재단은 1992년 5월 호주 정부에 의해 호주 외교통상부 산하단체로 창립되어, 모든 예산을 호주 정부가 지원합니다. 호주-한국 재단은 두 나라의 국민 대 국민 교류를 활성화하고 통상, 산업, 관공, 과학기술, 교육, 예술, 언론매체 등에서 지속적인 연계를 지원하기 위해 만들어졌습니다. 재단은 이사장과 호주 외교통상부 차관 혹은 차관이 임명한 외교통상부를 대표하는 이사, 그리고 4명 이상 13명 이하의 이사들로 구성되며, 사무국은 외교통상부가 지원합니다. 최근에는 호주 학생들이 한국 기업에서 실무 경험을 쌓는 호-한 인턴 프로그램, 호주 교장단 한국 방문 연수 사업 등을 추진한 바 있습니다.

호주의 주요 공공외교 프로그램들을 시행 부처별로 정리해 보겠습니다.

(1) 국제문화위원회

문화외교는 호주 공공외교의 중요한 부분입니다. 호주의 문화외교에는 정부 부처뿐만 아니라 다양한 기구가 참여합니다. 이 중에서 가장 중요한 기구는 1998년 창설된 호주국제문화위원회(Australia International Cultural Council)입니다. 호주국제문화위원회는 호주의 문화를 해외에 소개하는 외교부 주재 최상위 자문기관으로, 호주 외교통상부가 기금을 지원합니다. 이 위원회는 호주의 예술과 문화를 국제적으로 알리는 데에 관심이 있는 정부기관, 문화예술계, 업계 대표들로 구성됩니다.

이 위원회의 설립 목적은 외교통상적 이익을 높일 수 있도록 호주의 긍정적 이미지를 전파하고, 문화상품 수출을 증진하는 것입니다. 이러한 목적 아래 국제문화위원회는 두 가지 기능을 수행합니다. 첫째, 수준 높은 호주 예술의 해외 전시 프로그램을 관리합니다. 둘째, 호주의 문화를 해외에 소개하기 위해 정부와 예술계, 기업 간의 협력을 증진시킵니다.

이 위원회가 참여하는 활동 중 국제 문화 방문 프로그램(International Cultural Visits Program)은 외국의 예술계와 미디어계에서 영향력 있는 대표들을 호주로 초청하여 호주의 문화, 예술 상품을 소개하고, 그에 대한 인식을 제고하며, 호주 문화 관련 업체들의 사업 기회를 증진시키고자 활동합니다. 또한 문화관계재량보조금(CRDG: Cultural Relations Discretionary Grants) 프로그램은 해외에서의 문화 활동을 통해 호주의 이미지를 고양할 수 있는 호주 국민과 기관에 기금을 제공하는 프로그램입니다.

(2) 국방부

공공외교에서의 국방부(Department of Defence)의 역할은 중견국 기여외교의 성격이 있으며, 크게 인도적 지원과 방위 협력 프로그램(Defence Cooperation Program)으로 나눌 수 있습니다. 호주방위군(Australian Defence Force)의 재난 구호, 자연재해 시의 대피·탐색·구조 활동 등은 단순히 인도적 지원에 그치는 것이 아니라 해당 국가에서 호주에 대한 대중의 이미지를 개선하는 데에 큰 도움을 주고 있습니다. 이러한 예로, 인도네시아 수마트라섬에 대한 인도적 지원프로그램 수마트라 지원 활동(Operation Sumatra Assist) 등을 들 수 있습니다. 방위 협력 프로그램은 외국 군대와의 전략 수립, 교육 및 훈련, 지휘통제, 기반 구축, 반테러, 통신 병참 부분에서 협력을 통해 외국 군대의 작전 능력을 향상시키는 프로그램으로서, 이 역시 호주에 대한 긍정적인 이미지를 제고하는 데에 기여하고 있습니다.

(3) 호주투자청

호주투자청(Invest Australia)의 임무는 호주에 대한 해외 직접투자를 유치하는 것입니다. 이러한 임무를 달성하기 위해 다른 정부 기관의 협조를 받아 호주가 단순히 관광지나 상품시장으로서가 아니라 투자지로서도 국제적으로 매우 경쟁력 있고 매력적이라는 이미지를 고양하는 활동을 강화하고 있습니다. 물론 호주투자청이 공공외교라는 이름으로 이러한 활동을 하는 것은 아니지만, 사업의 성격상 큰 의미에서 공공외교 범주에 포함된다고 볼 수 있습니다. 이 사업에는 대외관계 강화, 글로벌 차원의 홍보, 다국어 기반의 웹사이트와 주요한 국제적 이벤트에 대한 참여 등이 포함됩니다.

(4) 호주국제개발청

호주국제개발청(AusAID: The Australian Agency for International Development)은 개발도상국의 빈곤을 감소시키고 지속 가능한 발전을 지원하기 위한 임무를 맡고 있습니다. 쓰나미 피해 지역 지원 프로그램 등의 지원 프로그램을 통해 개도국을 대상으로 기여공공외교를 시행합니다. 호주 리더십 어워드 펠로십(Australian Leadership Award Fellowships)과 같은 교육 프로그램은 호주와의 장기적인 연계를 강화하고 지원하는 프로그램으로서 공공외교적 측면이 매우 강하다고 볼 수 있습니다. 공공외교 관련 예산 대부분은 글로벌 교육 프로그램, 인터넷상에서의 콘텐츠 제작과 관리, 잡지 발간 등을 포함한 미디어 관련 활동, 대상국 현지 소식지, 웹사이트 등을 포함한 대민 관련 활동 등에 사용됩니다.

(5) 교육과학훈련부

교육과학훈련부(Department of Education, Science and Training)의 국제교육 프로그램은 호주를 국제적으로 연계하고, 국제적 인식 개선하을 목적으로 하므로, 호주의 공공외교 노력에서 매우 중요한 부분을 차지합니다. 콜롬보 플랜에서 시작된 호주의 고등교육 협력사업은 60년 이상 지속된 대표적인 공공외교 사업으로 볼 수 있습니다. 특히 동남아시아 국가의 인재들이 이 프로그램을 통해 호주에서 공부함으로써, 호주에 대한 긍정적 인식을 동남아시아에 심어주는 데에 기여했다는 평가를 받고 있습니다. 국제 인재 양성 프로그램인 콜롬보 플랜은 호주 고등교육의 국제화에도 기여했습니다. '스터디 인 오스트레일리아(Study in Australia)'라는 호주의 국제교육 브랜드는 전 세계적으로 매우 잘 알려져 있으며, 미국과 영국의 국제교육 브랜드에 이어 전 세계에서 세 번째로 우수한 교육 프로그램으로 평가받고 있습니다. 교육과학훈련부의 국제 활동은 호주국제교육(AEI: Australian Education International)이 담당합니다. 이 기관은 호주 교육의 국제적 홍보활동에 주력하며, 해외 고위 인사 관리, 교육계 지도자 및 언론계 인사들의 호주 방문 프로그램과 해외 일반인을 대상으로 하는 강의 및 연구 심포지엄, 그리고 국제적으로 동창회 활동을 지원합니다.

(6) 호주방송국

호주방송국(ABC: Australian Broadcasting Corporation)은 2007년 구조조정의 일환으로 ABC 인터내셔널(ABC International)을 설립했습니다. 라디오 오스트레일리아(Radio Australia)와 호주 네트워크[Australia Network, 전신은 BC 아시아퍼시픽(ABC Asia-Pacifi)]를 합쳐 구성한 ABC 인터내셔널은 외국에서 호주를 대표하는 핵심적 역할을 수행합니다. 특히 ABC 라디오(ABC Radio)를 통해 아시아·태평양 지역 청취자들에게 호주에 관한 정보를 제공하고, 국제 문제에 대한 호주의 입장을 전달합니다.

이런 의미에서 ABC는 호주 공공외교의 매우 중요한 행위자입니다. ABC 라디오는 여섯 개의 언어로 40개 나라에 방송되고 있으며, 약 2000만 명의 청취자를 확보했습니다. ABC는 호주를 알리는 것 이외에도 아시아·태평양 지역의 방송이 더욱 개방적이고 독립적인 방송이 되도록 훈련 과정을 제공하며 기술을 지원합니다. 이러한 활동에 대해서는 AusAID로부터 재정적 도움을 받고 있습니다.

제4부

한국의 공공외교

한국의 공공외교가 체계적으로 추진된 지 이제 10년이 지났습니다. 그 사이 법적 체계도 갖추게 되었고 예산을 비롯한 제도적 뒷받침도 좋아졌습니다. 이러한 개선된 환경 안에서 외교부를 비롯한 정부부처, 지자체, 민간단체 등이 활발한 공공외교를 벌이고 있습니다. 외국에 나가 있는 우리의 외교공관들은 공공외교의 최전선에서 뛰고 있는 주인공들입니다. 우리나라 공공외교의 주인공들이 어떠한 활동을 하고 있는지를 살펴보면 공공외교가 현실에서는 어떻게 이루어지는지를 좀 더 명확하게 알 수 있게 될 것입니다.

| 제11장 |

한국 공공외교의 역사

법적·제도적 측면을 중심으로

1. 한국 공공외교의 역사적 전개

한국 공공외교의 공식적인 시작은 외교부가 2010년을 한국 공공외
교 원년으로 선포하면서부터입니다. 미국에서는 냉전 때부터 행해져 온
공공외교가 2010년이 되어서야 한국에서 공식 출발한 것은 의아한 일이
고, 또 설명이 필요한 일이라 설명이 필요하다고 생각합니다. 하지만 한
국뿐 아니라 많은 나라들이 공공외교에 별로 관심을 보이지 않았던 것이
사실입니다. 예를 들어 중국도 2010년을 중국 공공외교 원년으로 선포
한 걸 보면, 대체로 2001년 9·11 테러 이후 공공외교에 대한 관심이 전
세계로 확산되었고, 각 나라의 상황과 특수성에 따라 조금 빠르게 혹은
늦게 공공외교를 주요 외교 메뉴로 채택한 것으로 보입니다.

우리나라 외교부에서 매년 발행하는 『외교백서』를 보면 2009년까
지도 '공공외교'라는 단어는 보이지 않습니다. 공공외교 원년으로 선포
한 2010년 『외교백서』에 공공외교라는 단어가 처음 나타났습니다. 그
러나 이미 2008년 무렵부터 공공외교를 주요 외교 메뉴로 설정하기 위한

사전 작업들이 외교부 내에서 시작되었다고 생각합니다. 학자들은 2001년 9·11 테러 이후 미국 외교정책의 변화 등을 연구하면서 미국이 공공외교를 강화하는 현상을 논문 등을 통해 이미 발표했습니다. 새로운 외교 트렌드에 대한 학계의 관심은 외교부 내에서 중장기 정책을 다루는 부서에 있던 사람들, 그리고 공공외교와 관련이 깊은 부서(예를 들어 문화외교국) 담당자들에게 전달되었던 것으로 보입니다. 저의 개인적인 기억으로도 2008년 무렵부터 외교부 내에서 공공외교의 필요성에 대한 논의가 시작되었던 것 같습니다.

외교부는 공공외교 연구와 정책개발 등을 위해 산하기관인 KF를 통해 2010년 '한국공공외교포럼'을 구성했습니다. 이 포럼은 학계와 언론계, 문화계, 재계 등 각계 전문가 20~30명이 참여하는 정기 간담회와 세미나 등을 개최해 공공문화외교 전략과 정책 방향에 대한 담론을 활성화하고자 계획된 것이었습니다. 이렇게 한국의 공공외교가 학자들을 중심으로 시작된 것은, 당시 외교부 내부에 소수 인원을 제외하면 공공외교에 대한 이해와 아이디어를 가진 인력이 많지 않았기 때문이라고 생각합니다. 따라서 연구와 정책 방향의 설정 및 개발 등을 학자들이 맡고, 외교부가 이러한 아이디어들을 실무에 반영하는 방식으로 한국 공공외교가 시작된 것으로 보입니다.

2010년 공공외교를 한국 외교의 3대 축으로 선포했지만 직제상 변화는 매우 느리게 이루어졌습니다. 2010년까지도 외교부에는 이름에 '공공외교'라는 용어가 들어간 부서나 직책이 하나도 없었습니다. 공공외교로 분류할 수 있는 업무는 대체로 문화외교국에서 수행한 것으로 보입니다. 2009년 외교부 지속추진과제 중 '국제사회 내 역할과 위상 제고'의 세부 과제를 보면 '국가이미지 제고를 위한 선진문화 외교 강화 방안'이 들어 있는데, 문화외교국이 이 세부 과제의 담당국으로 되어 있습니다. 문화외교국 내의 문화외교정책과가 공공외교정책과로 바뀐 것은 2012년의 일입니다. 2011년에는 공공외교대사직이 신설되어 초대 대사로 마영삼 전 주이스라엘 대사가 임명되었고, 2012년에 공공외교정책과가 만들어지면서 처음으로 공공외교 시범 사업이 추진되었습니다. 2018년에는 문화외교국이 공공문화외교국으로 확대·개편되어 공공외교총괄과, 유네스코과, 문화교류협력과, 정책공공외교과, 지역공공외교과의 5개과와 국민외교센터를 관할하게 됩니다. 공공외교 예산 역시 급증했습니다. 공공외교 예산은 2013년 처음으로 60억 정도가 배정된 이후 빠르게 늘어나 2016년 142억, 2019년 211억, 2020년에는 321억이 됩니다.

2. 공공외교의 법적 근거: 공공외교법 제정

한국 공공외교에서 중요한 제도적 발전은 '공공외교법'이 제정된 것입니다. 이 법은 2016년 2월 3일 제정되어 같은 해 8월 4일 시행되었는데, 한국 공공외교의 목적, 정의, 원칙 규정 및 추진 체계 등이 주요 내용입니다. 이 법의 발효로 범정부적 차원의 통합적·체계적 공공외교 추진을 위한 법적 기반이 마련되었다는 데 큰 의의가 있습니다. 또한 공공외교 추진 기관으로 KF를 지정하고(공공외교법 시행령 제11조), 범정부 차원의 공공외교 통합조정기구로서 공공외교위원회를 설치·운영하도록 했습니다. 공공외교위원회는 외교부 장관이 위원장을 맡고, 정부위원 15명, 민간위원 5명(학계 2명, 언론계·경제계·문화예술계 각 1명)으로 구성됩니다. 또한 5년마다 공공외교 기본계획을, 매년 공공외교 종합시행계획을 수립하도록 했습니다. '공공외교법'을 바탕으로 2017년 제1차 대한민국 공공외교 기본계획(2017~2021)이 마련되었습니다. 이 기본계획에서는 공공외교의 비전을 "국민과 함께, 세계와 소통하는 매력 한국"으로 정하고 네 가지 목표를 제시했습니다. 그중 세 가지는 한국 공공외교의 3대 축인 문화·지식·정책 공공외교의 목표이고, 마지막 하나는 공공외교를 위한 인프라 관련 목표입니다.

　문재인 정부에 들어서는 공공외교에 대한 중요성이 더 강조되고 있습니다. 문재인 정부 공공외교의 가장 큰 특징은 국민참여형 공공외교를 강조한다는 것입니다. 문재인 정부의 국정 과제 중 하나인 '국민외교'는 국민과의 소통을 통해 정당성을 확보하고 국민적 합의를 근간으로 외교 활동을 추진하는 것입니다. 그동안 외교가 너무 밀실에서 국민들과의 소통 없이 이루어졌다는 인식을 바탕으로 합니다.

　같은 차원에서 공공외교 역시 국민 참여를 통해 민간의 아이디어와 국제화 역량을 활용할 것을 강조하고 있습니다. 공공외교 기본계획의 비전 "국민과 함께, 세계와 소통하는 매력 한국"은 이러한 국민참여형 공공외교에 대한 강조를 반영합니다.

3. 한국 공공외교의 과제들

　공공외교의 핵심 주체는 정부입니다. 그러나 일반 국민들의 공공외교에서의 역할이 중요해지는 만큼, 이제 단순한 민간의 공공외교 참여 촉진을 넘어, 민간의 공공외교 참여가 성과를 낼 수 있는 방법을 고민해야 할 때입니다. 제 생각에 민간의 공공외교 참여의 성공 여부는 공공외교에 대한 명확한 이해, 상대국의 상황이나 특성에 대한 이해, 민간의 공공외교 역량 강화에 달려 있습니다. 우선 공공외교가 무엇인지, 어떠한 목표가 있는지에 대해서 공공외교에 참여하는 일반 대중이 잘 이해하고 있어야 합니다. 한국에 대한 자랑이나 과시는 공공외교가 얻고자 하는 성과를 만들어내지 못합니다. 상대국 국민들의 마음을 얻고 친구가 되기 위해서는 상대국에 대한 깊은 이해를 바탕으로 그들을 감동시킬 수 있는 방법을 고민해야 합니다. 상대국의 종교, 역사, 문화에 대한 정확한 이해가 그래서 중요한 것입니다. 나의 자랑거리를 준비하는 시간보다 상대에 대한 이해를 높이는 데에 투자하는 시간이 훨씬 길어야 합니다. 공공외교는 또 상당한 능력이 요구되는 일입니다. 가능하면 언어 능력을 갖추도록 하고, 우리가 전하고자 하는 콘텐츠를 전달할 매체 차원의 능력도 있어야 합니다. 소셜미디어를 활용할 수 있는 능력, 콘텐츠를 만들 수 있는 능력 등 공공외교 활동에 필요한 역량을 함양할 수 있도록 정부가 도와야 합니다.

한국의 공공외교가 많이 발전하기는 했지만, 개선하고 보완해야 할 점이 여전히 많이 있습니다. 한국 공공외교의 추진 체계를 보면 '공공외교법'에 따라 외교부가 주도적 역할을 합니다. 외교부 장관은 추진 기관을 지정할 수 있고, 공공외교위원회도 외교부 장관 소속으로 되어 있습니다. 공공외교 추진 기관으로는 외교부 산하기관인 KF가 지정되었습니다. 공공외교위원회에는 15개 정부 부처가 참여하고 있는데, 실제로는 대부분의 정부 부처가 그 자체로 공공외교 추진 주체입니다. 그 외에 정부 소속기관 및 산하단체, 지방자치단체, 민간단체들이 공공외교를 수행할 수 있습니다.

현재 공공외교를 추진하는 데 가장 큰 문제는 중앙 부처, 지자체, 민간단체의 공공외교 활동이 내용과 영역 등에 대한 조정이나 조율 없이 개별적으로 이루어짐으로써 유사·중복·경쟁과 같은 문제가 발생하는 것입니다. 외교부 장관 소속 공공외교위원회가 공공외교 추진 시 부처 간 협조 및 조정 등을 담당하도록 되어 있지만, 실제로는 15개 중앙 부처들의 활동에 대해 조정 권한을 행사하는 것은 불가능한 상황입니다. 그러므로 범정부 차원에서 공공외교 총괄·조정 체계를 확립할 필요가 있습니다. 특히 세계 주요 도시에 한국문화원을 두고 있고 다양한 공공외교 수단을 가진 문화체육관광부가 고유 영역에서 사업을 수행하면서 외교부나 KF의 공공외교 활동과 중복되어 서로 경쟁하는 경우가 발생하기도 합니다. 그러나 이 두 부처 간의 업무 조정이 그동안 원활하게 이루어지지 못했습니다. 이 부분 역시 합리적인 기준에 따라 사업 영역을 구분해, 불필요한 중복이나 경쟁이 발생하는 비효율을 막아야 할 필요가 있습니다.

■ 공공외교법

[시행 2016. 8. 4] [법률 제13951호, 2016. 2. 3, 제정]

제1조(목적) 이 법은 공공외교 활동에 필요한 사항을 규정하여 공공외교
　　강화 및 효율성 제고의 기반을 조성함으로써 국제사회에서 대한민
　　국의 국가이미지 및 위상 제고에 이바지하는 것을 목적으로 한다.

제2조(정의) 이 법에서 "공공외교"란 국가가 직접 또는 지방자치단체 및
　　민간부문과 협력하여 문화, 지식, 정책 등을 통하여 대한민국에 대
　　한 외국 국민들의 이해와 신뢰를 증진시키는 외교활동을 말한다.

제3조(공공외교의 기본원칙)

　① 공공외교는 인류의 보편적 가치와 대한민국 고유의 특성을 조화롭게 반영
　　하여 추진되어야 한다.

　② 공공외교 정책은 국제사회와의 지속가능한 우호협력 증진에 중점을 두어
　　야 한다.

　③ 공공외교 활동은 특정 지역이나 국가에 편중되지 아니하여야 한다.

제4조(국가의 책무)

　① 국가는 공공외교 강화 및 효율성 제고를 위하여 종합적이고 체계적인 전
　　략과 정책을 수립하고 이를 추진하여야 한다.

　② 국가는 제1항에 따른 전략과 정책의 효율적 수립 및 수행에 필요한 행정
　　적·재정적 지원방안을 마련하여야 한다.

　③ 국가는 공공외교를 효율적으로 수행하기 위하여 지방자치단체 및 민간부
　　문과 협력체계를 구축하는 등 필요한 노력을 하여야 한다.

　④ 국가는 공공외교의 중요성에 대한 사회적 공감대를 형성하고 국민의 참여
　　를 증진하기 위하여 교육 및 홍보 등 필요한 노력을 하여야 한다.

제5조(다른 법률과의 관계)

① 공공외교에 관하여 다른 법률에 특별한 규정이 있는 경우를 제외하고는 이 법에서 정하는 바에 따른다.

② 공공외교에 관하여 다른 법률을 제정하거나 개정하는 경우에는 이 법에 부합하도록 하여야 한다.

제6조(공공외교 기본계획의 수립)

① 외교부장관은 관계 중앙행정기관의 장 및 특별시장·광역시장·특별자치시장·도지사·특별자치도지사(이하 "시·도지사"라 한다)와 협의하여 공공외교 기본계획(이하 "기본계획"이라 한다)을 5년마다 수립하여야 한다.

② 기본계획에는 다음 각 호의 사항이 포함되어야 한다.

(1) 공공외교 활동의 정책방향 및 추진목표

(2) 공공외교를 위한 주요 정책의 수립·조정에 관한 사항

(3) 공공외교를 위한 재원 조달 및 운용에 관한 사항

(4) 공공외교에 관한 기반조성, 제도개선 및 평가에 관한 사항

(5) 공공외교를 위한 지방자치단체에 대한 지원방안

(6) 공공외교를 위한 민간부문에 대한 지원방안

(7) 그 밖에 공공외교 활동에 필요한 사항

③ 기본계획은 제8조에 따른 공공외교위원회의 심의를 거쳐 확정한다. 이 경우 외교부장관은 확정된 기본계획을 관계 중앙행정기관의 장 및 시·도지사에게 통보하여야 한다.

제7조(공공외교 시행계획 등의 수립)

① 관계 중앙행정기관의 장 및 시·도지사는 기본계획에 따라 매년 공공외교 활동의 시행계획(이하 "시행계획"이라 한다)을 수립·시행하고, 외교부장관에게 시행계획과 추진실적을 제출하여야 한다.

② 외교부장관은 기본계획에 따라 제1항의 시행계획과 외교부 자체의 시행계획을 통합한 종합적인 시행계획(이하 "종합시행계획"이라 한다)을 매

년 수립 · 시행한다.

③ 재외공관의 장은 종합시행계획에 따라 관할지역의 재외공관과 「공공기관의 운영에 관한 법률」에 따른 공공기관(이하 "공공기관"이라 한다)의 활동을 포함하는 공공외교 활동계획을 매년 수립 · 시행하여야 한다.

④ 제1항부터 제3항까지의 규정에 따른 계획을 수립 · 시행함에 있어 사업의 유사 · 중복을 지양하여야 하며, 특히 지역별 · 국가별 현지특성을 고려하여 수립 · 시행되도록 관계 기관 간에 긴밀히 협의하여야 한다.

⑤ 외교부장관은 종합시행계획과 제3항에 따른 재외공관 관할지역에 대한 활동계획의 내용 및 결과를 관계 중앙행정기관의 장과 시 · 도지사에게 통보하여야 한다.

⑥ 그 밖에 시행계획 및 종합시행계획의 수립 · 시행에 필요한 사항은 대통령령으로 정한다.

제8조(공공외교위원회)

① 공공외교 정책의 종합적 · 체계적 추진을 위한 주요사항을 심의 · 조정하기 위하여 외교부장관 소속으로 공공외교위원회(이하 "위원회"라 한다)를 둔다.

② 위원회는 다음 각 호의 사항을 심의 · 조정한다.

(1) 기본계획의 수립, 변경 및 추진에 관한 사항

(2) 종합시행계획의 수립 및 평가에 관한 사항

(3) 공공외교 업무의 부처 간 협조 및 조정에 관한 사항

(4) 공공외교와 관련하여 국민 참여 및 민 · 관 협력 등에 관한 사항

(5) 그 밖에 공공외교와 관련하여 위원장이 회의에 부치는 사항

③ 위원회는 위원장을 포함하여 20명 이내의 위원으로 구성하되, 위원장은 외교부장관이 되고, 위원은 관계 중앙행정기관의 차관 또는 차관급 공무원 및 공공외교에 관한 전문지식과 경험이 풍부한 사람 중에서 대통령령으로 정하는 바에 따라 외교부장관이 임명 또는 위촉한다.

④ 그 밖에 위원회의 구성 및 운영 등에 필요한 사항은 대통령령으로 정한다.

제9조(지방자치단체 및 민간부문에 대한 지원)

① 국가는 지방자치단체가 공공외교 활동을 위하여 협력을 요청하는 경우에 필요한 지원을 할 수 있다.

② 국가는 민간부문의 공공외교 참여를 활성화하기 위하여 필요한 경우 예산의 범위에서 경비의 전부 또는 일부를 보조하거나 업무수행에 필요한 행정적 지원을 할 수 있다.

③ 제1항 및 제2항에 따른 지원에 필요한 사항은 대통령령으로 정한다.

제10조(실태조사)

① 외교부장관은 공공외교 정책의 수립·시행을 위하여 공공외교의 현황에 관한 실태조사를 실시할 수 있다.

② 제1항에 따른 실태조사의 대상·방법 등에 필요한 사항은 대통령령으로 정한다.

제11조(공공외교 종합정보시스템 구축·운영)

① 외교부장관은 공공외교를 체계적·효율적으로 추진하고 관계 기관 등에게 유용한 정보를 제공하기 위하여 공공외교 종합정보시스템을 구축·운영할 수 있다.

② 외교부장관은 공공외교 종합정보시스템의 구축·운영을 위하여 필요한 경우에는 관계 중앙행정기관의 장, 시·도지사, 공공기관의 장 등에게 필요한 자료의 제공을 요청할 수 있다. 이 경우 자료제출을 요청받은 관계 중앙행정기관의 장 등은 특별한 사정이 없으면 이에 따라야 한다.

제12조(공공외교 추진기관의 지정 등)

① 외교부장관은 공공외교의 추진에 필요한 사업을 효율적으로 수행하기 위하여 공공외교 추진기관(이하 "추진기관"이라 한다)을 지정할 수 있다.

② 추진기관은 다음 각 호의 사업을 한다.

(1) 종합시행계획 및 시행계획 수립 지원

(2) 국내외 공공외교 추진 관련 기관·단체 등과 협력체계 구축

(3) 공공외교 종합정보시스템의 구축 및 운영

(4) 공공외교 활동을 위한 교육, 상담, 홍보 등 지원사업의 실시

(5) 공공외교 활동을 위한 전문인력의 양성

(6) 공공외교의 실태조사 및 통계의 작성

(7) 그 밖에 추진기관의 지정 목적을 달성하는 데 필요한 사업

③ 외교부장관은 추진기관의 운영 등에 필요한 경비를 지원할 수 있다.

④ 추진기관의 지정 및 운영 등에 필요한 사항은 대통령령으로 정한다.

제13조(국회 보고) 정부는 매년 정기국회 개회 전까지 기본계획 및 종합시행계획의 추진상황 등에 관한 보고서를 작성하여 국회에 제출하여야 한다.

부칙〈제13951호, 2016.2.3.〉

이 법은 공포 후 6개월이 경과한 날부터 시행한다.

제12장

한국 공공외교의 행위자들과 주요 사업

1. 정부 부처

1) 외교부

외교부는 말 그대로 외교의 주무 부서로서 2010년 공공외교 원년 선포 이후 공공외교를 활발히 추진하고 있습니다. 공공외교에서 두뇌에 해당하는 외교부는 공공외교의 방향, 전략, 주요 프로그램 등을 기획하는 역할을 합니다.

외교부에서 공공외교 업무는 2018년 문화외교국을 확대·개편한 공공문화외교국에서 담당합니다. 공공문화외교국은 다섯 개의 과로 구성되는데 공공외교총괄과, 유네스코과, 문화교류협력과, 정책공공외교 1과와 2과 등입니다. 각 과의 업무를 간략히 알아보면 공공외교총괄과는 '공공외교법'과 공공외교 기본계획 이행을 총괄하는 역할, 수교 및 주요 외교 계기 기념사업의 총괄, 국내 기반 공공외교 사업 관리, 동북아 국가 양자 문화공동위원회 및 문화협정 체결 관련 업무, 신남방국가 양자 문화 공동위원회 및 문화협정 체결 관련 업무, 그리고 산하기관이며 공공외교 추진 기관인 KF 관련 업무 등을 담당합니다. 유네스코과는 유네스코 관련 업무 외에 해외 교과서 사업, 지자체 국제교류 협의체 관리, 한국어·한국학 관련 사업, 미주 지역과의 문화협력 등을 담당하고 있습니다. 문화교류협력과는 주로 양자 문화외교를 담당하고 있습니다. 예전에 문화외교국의 전통이 강하게 남아 있는 부서로서 기존의 지역별 양자 문화외교와 새로 등장한 분야인 뉴미디어 문화외교, 그리고 해외 주요 미술관·박물관 한국어 오디오 가이드 설치 사업 등을 담당하고 있습니다. 마지막으로 정책공공외교과가 1과와 2과로 나뉩니다. 1과에서는 정책공공외교 업무를 총괄합니다. 미국, 유럽, 러시아, 중남미를 상대로 한 정책공공외교를 관리하며, 디지털 공공외교 총괄과 콘텐츠 관리, 주한 외국인 대상의 정책공공외교 사업, 재외공관 정책공공외교 사업(디지털 공공외교), 한반도 문제 이외의 정책공공외교 이슈 관리 등의 업무를 담당합니다. 정책공공외교 2과는 일본과의 공공외교, 중국·오세아니아·아중동지역·동남아·서남아(인도 포함) 및 한중일 협력 관련 정책공공외교 관리, 그리고 정책공공외교 전략 수립 및 플랫폼·콘텐츠 개발 등을 담당합니다.

외교부는 산하기관인 한국국제교류재단, 한국국제협력단, 재외동포재단, 한·아프리카 재단을 통해 공공외교 사업을 시행하기도 하고, 사업을 직접 시행하기도 합니다. 하지만 외교부 내에 공공외교를 담당하는 부서의 규모와 인원이 한정되기 때문에 외교부가 직접 수행하는 사업은 많지 않습니다. 지식공공외교와 관련해 대한민국 바로알림단(Friends of Korea)을 만들어서 한국에 대한 잘못된 정보들을 수집하고 수정하거나 각 해외 공관에서 예선전을 치르는 퀴즈 온 코리아(Quiz on Korea), 세계 외국인 한국어 말하기 대회(World Korean Language Speech Contest for

Foreigners), 해외 대학 도서관에 한국 관련 자료실을 만드는 '코리아 코너(Korea Corner)' 등은 외교부가 직접 시행하는 사업입니다. 문화공공외교 차원에서 많은 한류 관련 행사를 시행하고, 해외에 있는 한국 공관들을 통해 재외공관문화전시장 사업을 시행해 한국 문화를 알리고 있습니다.

최근에는 국민외교가 강화되는 추세를 반영해 우리 국민의 공공외교 역량을 강화하는 사업에 주력하고 있습니다. 국민들이 공공외교에 직접 참여할 수 있도록 외교정책 제안 공모전을 개최하거나 '청년공공외교단', '시니어 공공외교단', '재외공관 공공외교 현장실습원' 등의 프로그램을 실시하기도 합니다. 강경화 장관이 취임하면서 외교부의 디지털 공공외교 활동도 매우 활발히 시행되고 있습니다. 인기 캐릭터 펭수가 외교부를 방문해 강경화 장관과 대화를 나누는 영상을 보신 분들이 있을 것입니다. 국민들에게 외교부가 하는 일을 알리고 좀 더 친근하게 다가가기 위한 노력의 일환으로 생각됩니다. 그 외에도 코로나19 사태로 고립된 재외국민 수송 작전, 외교관 후보생과 해외안전지킴센터에서 일하는 외교관들의 생활을 담은 유튜브 콘텐츠들을 제작해 국민들에게 외교부에 대한 정보를 제공합니다. 또한 해외 구독자들을 위해 영어로 만든 콘텐츠들도 활용하고 있습니다.

2) 외교부 산하기관(KF, KOICA, OKF)

(1) 한국국제교류재단

한국국제교류재단(Korea Foundation, 이하 KF)은 외교부 산하에 있지만 특수법인이므로, 예산은 정부 예산의 일부가 아닌 민간 기부금(국제교류 기여금)으로 조성되며, 직원들도 공무원 신분이 아닙니다. 이러한 특수성은 공공외교를 담당하는 기관이 정부 기관일 때 생길 수 있는 부작용 최소화를 고려한 결과입니다.

KF는 1991년 12월 30일 출범했습니다. 실제로 일을 시작한 것은 1992년부터입니다. 1988년 서울 올림픽 개최 이후 한국에 대한 세계의 관심과 인식이 제고되면서, 이러한 기회를 살려 국제 교류를 강화해야 한다는 목소리가 커진 것이 KF 설립의 배경이 되었습니다. 그리고 국가적 차원에서 국제교류 인프라를 구축해야 한다는 인식하에 국제교류 전담 기관을 만들자는 논의가 시작되었습니다. 1989년 9월 국회 외무통일위원회 국정감사에서 이러한 필요성이 제기되며 설립을 위한 준비가 시작됩니다. 1991년 8월 14일 KF 설립 추진을 위한 회의가 개최되어 기구 설립에 관한 구체적인 안이 결정됩니다. 요지는 새로 설립되는 기관의 명칭을 한국국제교류재단으로 하고 외무부 산하 특수법인으로 설립하며, 새로 조직을 만드는 대신 기존 문화부 산하에 있던 한국국제문화협회를 흡수해 확대·발전시키기로 한다는 것이었습니다. 한국국제문화협회는 주로 국제문화교류 사업을 하던 기관이었습니다. 설립준비위원회가 마련한 '한국국제교류재단법'이 1991년 11월 20일 국회를 통과해 공포되었습니다. '한국국제교류재단법' 1조는 "대한민국과 외국 간의 각종 교류 사업을 시행하게 함으로써 국제사회에서의 한국에 대한 올바른 인식과 이해를 도모하고 국제적 우호친선을 증진하는 데에 이바지함을 목적으로 한다"라는 목적을 명시하고 있습니다. KF의 주요 임무는 네 가지 분야의 교류 사업으로 나뉘는데, 그것은 학술, 문화, 인사 교류, 출판 및 자료입니다.

KF의 설립을 주도하던 사람들은 일본국제교류기금(Japan Foundation)과 같은 기관을 염두에 두었던 것 같습니다 『한국국제교류재단 10년사:

1992~2001』(한국국제교류재단, 2002)의 서문을 보면 일본국제교류기금의 설립과 활동을 긍정적으로 평가합니다. 1991년 당시에는 한국에서 '공공외교'라는 개념이나 용어가 전혀 사용되지 않았던 시기이고, '국제교류'라는 말이 국가 간 관계 중 민간 부문에서의 교류를 의미하는 용어로 사용되던 시기입니다. 주된 국제교류 분야는 문화이며, 거기에 학술이라는 분야가 추가된 상황으로 보입니다. KF의 전신은 문화부 산하의 한국국제문화협회로, 이 기관의 주된 활동도 문화교류였습니다. 그러나 '한국국제교류재단법'의 설립 목적에서 볼 수 있듯이 재단의 목적은 한국에 대한 올바른 인식과 이해를 도모하는 것이므로, 한국국제문화협회 차원의 문화교류를 넘어 한국 관련 연구 활동을 지원함으로써 그 목적을 이루고자 했던 것입니다. 그래서 KF 설립 후 가장 중점을 둔 분야가 '해외 한국 연구 지원'입니다. 이것은 미국을 포함한 외국의 대학, 연구소 등의 한국 관련 연구 활동을 지원하는 사업입니다. 이 사업의 일환으로 1993년 미국 하버드 대학교, 컬럼비아 대학교, UC 버클리 대학교, 하와이 대학교 등 4개 대학이 중점 대학으로 선정되어 한국학 교수직 설치, 한국학센터 운영 기금 지원 등을 시작했습니다. 한국학 지원과 함께 해외 주요 박물관에 한국실 설치 등이 문화교류의 핵심 사업으로 추진되었습니다. 1994년부터는 해외 싱크 탱크의 한국 관련 연구 활동 지원 사업이 정책공공외교의 성격으로 추진되어, 주로 미국의 정책연구소들을 집중적으로 지원했습니다. 전략국제연구센터(CSIS: Center for Strategic and International and Studies), 후버연구소(Hoover Institute), 헤리티지재단(Heritage Foundation), 브루킹스연구소(Brookings Institution) 등 미국 정책연구소와 영국 국제전략문제연구소(IISS: International Institute for Strategic Studies), 러시아의 국제관계연구소(IMEMO) 등이 재단의 지원을

표 12-1 KF 사업

한국학	글로벌네트워킹	문화교류	출판&영상

· KF글로벌 e-스쿨
· 한국(어)학 교수직 설치
· 한국(어)학 교원고용
  지원
· 한국(어)학 객원교수
  파견
· 한국어펠로십
· 한국전공대학원생펠
  로십
· 박사후연구펠로십
· 방한연구펠로십
· 외교관언어문화연수
· 외국교육자한국학워
  크숍
· KF한국학특강
· 신남방공무원펠로십
	· 해외유력/고위인사초
	  청
	· 차세대지도자교류
	· 청년교류
	· 포럼
	· 공공외교네트워크
	  - (GPD Net)
	· 해외정책연구지원
		· Korea Festival
		· 전략지역문화예술행사
		  개최
		· 재외공관문화예술행사
		  지원
		· 해외단체문화예술행사
		  지원
		· 해외박물관 한국전시
		  지원
		· 해외박물관한국전문가
		  육성
		· 한국전문기금큐레이
		  터직 설치 지원
			· Koreana
			· 기획출판
			· 출판지원
			· 재외공관한국영화상
			  영지원
			· 북미도서관특화컨소
			  시엄
			· 한국연구자료지원
			· 한국연구전자자료지
			  원
			· 사회과학자료온라인
			  서비스

받았습니다. 민간 주요 인사들이 참여하는 양자 포럼도 1994년부터 시작되었습니다. 1993년 한일 포럼이 시작되었고, 1994년에 한미 포럼(당시 명칭은 한미21세기위원회)과 한중 미래 포럼이 시작되면서 한국과 주요 국가 오피니언 리더들 간의 교류가 본격화되었습니다. 그 후 한-프랑스 포럼(1995), 한독 포럼, 한·캐나다 포럼(1996) 등으로 확대되었습니다.

KF는 2005년 워싱턴을 시작으로, 베이징·모스크바·베를린·호치민, 2007년 도쿄, 2010년 LA, 2019년 인도네시아에 사무소를 설치해 다양한 공공외교 활동을 펼치고 있습니다.

〈표 12-1〉은 2020년 KF의 사업 메뉴 리스트입니다. 1992년의 사업 대분류와 비교해 볼 때 큰 변화가 없어 보입니다. 인사교류가 글로벌 네트워킹이라는 세련된 명칭으로 바뀐 것 말고는요.

(2) KOICA

KOICA(Korea International Cooperation Agency, 한국국제협력단)는 1991
년 외교부 산하기관으로 설립된 한국의 무상원조 수행 기관입니다.
KOICA 사업이 해외에 무상원조를 제공하는 것이기 때문에 제 8장의 개
발협력 기여외교에서 이야기했던 바와 같이, 잠재적으로 공공외교 효과
를 기대할 수 있는 사업을 수행하고 있다고 볼 수 있습니다. 저는 예전에
KOICA의 개발협력 사업 현장을 방문한 적이 있습니다. 캄보디아의 시
골 마을에 농업용수를 공급하기 위해 둑(제방)을 쌓는 인프라 공사를
KOICA가 지원한 현장이었습니다. 둑 앞에는 "KOICA의 도움으로 뚝이
건설되었다"라는 작은 푯말이 세워져 있었습니다. 상수도가 없는 그 마
을에는 KOICA 봉사단원 한 명이 파견되어 물을 길어 올리는 펌프 설치
사업을 시행하고 있었습니다. 이런 활동들을 통해 지역 주민들이 한국
을 알게 되고, 친밀감을 느끼게 될 것입니다. 최근에 KOICA는 이러한 개
발협력 사업 이외에도 국민참여형 공공외교 사업을 활발히 전개하고 있
습니다. KOICA는 재외공관 영 프로페셔널(Young Professional) 인턴 사
업, 청년 인턴, ODA 수행기관 영 프로페셔널 인턴 등 '인턴십 사업'과 일
반 국민들이 개발협력 관련 봉사에 참여하도록 하는 '봉사단 사업'을 진
행 중입니다. 여기에는 NGO 봉사단, 새마을리더봉사단, UNV청년봉사
단 등이 포함되어 있습니다.

(3) 재외동포재단

재외동포재단(OKF: Overseas Koreans Foundation)은 1996년 외교부 산
하기관으로 해외에 있는 재외동포들을 지원하기 위해 만든 조직입니다.
현재 약 760만여 명의 재외동포들이 있습니다. 이들은 현지 국적을 취득

해 살고, 비록 정도는 다양하지만 한국인으로서의 정체성 가지고 고국의 발전을 위해 일하려는 마음들이 있습니다. 재외동포재단은 이들을 하나로 묶는 글로벌 코리안 네트워크 구축 사업과 세계 한상(韓商)들을 묶는 사업을 진행하고 있습니다. 이와 함께 해외동포의 자녀들에게 한국어를 교육하는 데에도 지원 중인데, 외국에 있는 주말 한국어 학교에 재외동포재단이 지원하는 사업입니다.

재외동포들은 해외에서 한국을 대표하거나 한국에 대한 정보를 제공하거나 한국의 정책에 대한 지지를 획득하는 활동을 할 수 있습니다. 재외동포재단은 해외의 주요 한인단체와 연계해서 한국의 정책 관련한 홍보 및 지원 활동을 진행하고 있습니다. 가장 큰 한인단체인 미주한인총연합회의 한미FTA 지지 활동이 대표적인 예입니다(신범식, 2019). 우리가 주목해야 할 점은 재외동포재단의 이러한 활동이 때로는 내정간섭이나 주권침해 등의 오해를 살 수 있다는 점입니다. 재외동포들은 법적으로 그 나라의 국민이기 때문에 이들에게 금전적 지원을 통해 조직화하고 우리가 원하는 활동을 하도록 하는 것이 문제가 될 수 있습니다. 따라서 현재 재외동포재단의 활동은 해외 한인들을 조직화하는 것을 지원하는 데에 집중되어 있습니다. 세계한상네트워크, 세계한인 차세대 포럼, 세계한인정치인 네트워크 등 네트워크 구축 사업이 활발하게 진행되고 있습니다. 또 재외동포재단의 전략 목표와 추진 과제에는 '재외동포 공공외교 지원 강화'가 포함되어 있습니다. 이러한 목표를 바탕으로 현재 재외동포 공공외교 활동 지원사업을 시행하고 있습니다. 중점 지원 분야는 다음과 같습니다.

① 거주국 유권자 등록 및 투표 참여 활동 등 동포 사회 풀뿌리 운동

② 거주국 한인 정치인 육성, 정치인 초청 정책 포럼 및 네트워크 활동

③ 한인의 주류사회 정계진출 확대를 위한 활동

④ 거주국 내 공공외교 활성화 활동(주재국 정부 및 타 민족 커뮤니티와 교류 사업)

3) 해외 공관

세계 각국에 나가 있는 한국의 공관(대사관, 총영사관 등)은 전통적인 외교 업무를 현장에서 수행하는 기관인 동시에 주재하는 곳의 국민들과 현지에서 접촉하며 연계하는 공공외교의 최전선에 있는 기관입니다. 외교부가 공공외교의 주요 전략을 수립한다면 해외 주재 공관들은 그러한 전략에 맞춰 현지에 적합한 프로그램을 개발하고 시행하는 전쟁터의 보병 같은 역할을 하고 있습니다. 외교부가 정무, 경제, 공공외교를 한국 외교의 3대 축으로 삼아 전략을 세우는 것처럼 해외 공관 역시 이 3대 축을 바탕으로 활동하고 있습니다. 2010년 공공외교가 외교부의 공식적 외교 영역으로 자리 잡기 전부터 대사관의 중요한 활동 가운데 하나가 현지 대중에게 한국을 소개하고, 올바른 인식을 심어주는 것이었습니다. 따라서 해외 주재 공관들은 그 설립 때부터 사실상 공공외교를 중요한 임무 중 하나로 수행하고 있었다고 볼 수 있습니다. 대사관에서는 대사를 중심으로 주요 기능별 임무를 수행하고 있습니다. 정무, 경제, 교육, 문화, 주재국의 상황에 따라 건설·에너지·교통 등의 임무를 수행하며, 이 중에서 문화와 교육을 담당하는 외교관들이 현지 대중과 관련된 활동을 가장 많이 한다고 볼 수 있습니다.

문화를 담당하는 외교관들은 케이팝(K-pop)을 비롯해 한국의 문화

를 소개하는 공연들을 기획하고 실행합니다. 태권도를 소개하고 대사배 쟁탈 태권도 대회 등을 개최하는 것도 문화 담당 외교관들의 역할입니다. 한식 소개 행사도 현지에서 인기 있는 행사입니다. 한식 만들기 체험 행사, 한식 요리 경연 대회 등에 많은 현지인들이 참여하고 있습니다. 교육을 담당하는 외교관은 현지의 대학을 비롯한 많은 학교에서 한국을 소개하는 학술 및 문화 행사를 개최하고 있습니다. 요즘은 대부분의 대학과 고등학교에 케이팝 동아리들이 있습니다. 이 동아리들과 함께 케이팝 경연대회를 개최해 우승한 팀은 한국에서 열리는 외국인 대상 케이팝 경연대회에 참여할 수 있는 기회를 주기도 합니다. 또 코리아 페스티벌(Korea Festival) 같은 복합 문화 행사를 개최하기도 합니다. 이러한 행사는 한복 입어보기, 한국 전통 놀이 체험, 한식 체험, 케이팝 동아리 공연 등 다양한 한국 관련 프로그램이 하루 또는 며칠에 걸쳐 펼쳐집니다. 대사관에서는 이러한 행사에 들어가는 비용을 지원해 주거나 한복, 한국 관련 자료(책, DVD 등등)를 대여해 주는 방식으로 행사를 지원합니다.

정무 분야, 즉 국가 간 양자 관계를 다루는 외교관들은 사실 전통적 외교와 관련된 일을 담당합니다. 한국과 주재국 간에 협력할 일이 있거나 문제가 생길 경우 정무 담당 외교관들은 주재국 외교부 혹은 정부 부처를 찾아가 우리의 협력 요청이나 항의 또는 제안 등을 전달하는 역할을 합니다. 이 과정에서 비공식적 협상을 하기도 하고 비공식적 교섭을 하기도 합니다. 그런데 이러한 정무 담당 부서도 요즘에는 공공외교 관련 업무를 수행합니다. 한국의 대외정책과 관련된 홍보나 소개를 주재국 정부가 아닌 대중을 상대로 하는 경우 정무 담당 외교관들이 이러한 역할을 수행하게 됩니다. 민간단체나 학술 단체 등을 상대로 하는 활동으로, 이러한 정무 공공외교(우리가 더 자주 사용하는 용어는 아마도 정책공공외교일 것입니다)의 핵심 담당자는 바로 대사입니다. 해외 주재 대사관의 대사는 여러 분야의 공공외교를 맡고 있습니다. 문화공공외교나 지식공공외교, 미디어 공공외교 등 사실상 공관에서 시행하는 공공외교의 많은 부분을 대사가 담당하고 있습니다. 한식 행사에서 현지 주민들과 음식을 같이 만들고, 우리나라의 전통음악이나 공연을 쉽게 설명하며 우리 문화를 소개하고, 독도 문제, 동해 표기 문제, 교과서의 오류를 바로잡기 위해 강연하는 등 지식공공외교도 대사들이 흔히 하는 활동입니다.

현지 언론들을 상대로 하는 미디어 공공외교 역시 대사들의 중요한 임무입니다. 대사들은 현지 신문에 한국의 정책이 포함된 한국을 소개하는 글이나 한국에 대한 오해를 바로잡는 글들을 기고합니다. 현지 방송에 출현하기도 합니다. 라디오 시사 프로그램, TV 시사·교양 프로그램에 출연해 한국과 관련된 현안을 설명하거나 현지인들이 관심을 기울이는 문제, 예를 들어 북한은 왜 핵을 개발하려고 하는가, 왜 케이팝은 이렇게 큰 성공을 거두었나, 혹은 한국에 관광을 갔을 때 꼭 가봐야 하는 곳은 어디인가 등에 대해 이야기를 나누기도 합니다. 주재국의 대학이나 고등학교에서 한국에 대해 강의하는 것도 대사의 중요한 업무 중 하나입니다. 서울에 나와 있는 주한 외국 공관의 대사들도 한국의 대학에서 자주 강연을 합니다. 주된 주제는 양자 관계에 관한 것입니다. 한국과 주재국과의 역사적 관계, 주요 관심 사항, 현재의 협력 활동 등을 설명하여 두 나라가 얼마나 가까운 나라이며 서로에게 중요한지를 현지 대중에게 홍보하는 일을 합니다.

한국 해외 공관의 공공외교 사업들을 소개해 보겠습니다.

해외 공관의 공공외교 사업은 10개의 범주로 구성되어 있습니다. 그

것들은 ① 매력한국 알리기, ② 친한 외국인 기반 구축, ③ 공공외교 친선 사절, ④ 인적 네트워크 구축, ⑤ 코리아 코너, ⑥ 퀴즈 온 코리아, ⑦ 지구촌 한국의 맛 콘테스트, ⑧ 케이팝 월드 페스티벌(K-POP World Festival), ⑨ 외국 교과서 내 한국 발전상 기술 확대, ⑩ 스포츠 공공외교 협력입니다. 이 중 ②, ③, ④는 주재국 내의 친한 인적 네트워크를 구축하는 사업이고, ⑤, ⑥, ⑨는 한국에 대한 올바른 지식을 확산하기 위한 지식공공외교 사업입니다. 그리고 ①, ⑦, ⑧, ⑩은 한국 문화를 홍보하는 사업들입니다. 각 해외 공관은 자신들의 사정에 맞춰 이 중에서 선택하여 사업을 시행합니다. 규모가 크고 직원이 많은 공관은 모든 범주의 사업을 시행하기도 하지만, 우리 공관 상당수는 3~4인 공관이기 때문에 10개 범주 중 몇 가지 사업을 선별해 시행합니다. 2014년 자료를 바탕으로 각 사업별로 한 공관씩 선택해서 어떤 공공외교 사업을 어떤 방식으로 수행하는지 알아보겠습니다. 이 자료는 2014년 자료입니다.

(1) 해외 공관의 공공외교 사업

① 매력 한국 알리기 사업: 주 방글라데시 대사관, 제5회 매력 한국 알리기 사업

이 사업은 국악, 성악, 포크송 등 한국 음악을 소개하는 행사입니다. 광장과 대학교 등에서 공연이 열렸고, 현지 TV 프로그램을 통해 녹화방송 되었습니다. 총참석자는 3500명 정도입니다. 이는 5년째 열리는 연례행사로 방글라데시에서 한국의 매력을 알리는 매우 중요한 행사로 자리 잡았습니다.

② 친한 외국인 기반 구축 사업: 주 몽골 대사관, 대사 배 언론인 체육대회

이 사업은 현지 일간지 협회 소속 9개 신문사 직원과 대사관 직원이 참여하는 농구 대회로, 친목 도모와 친한 네트워크를 구축하기 위한 사업입니다. 몽골에서는 반한 정서가 확산되는 추세였고, 한국에 대한 근거 없는 악의적 기사가 현지 언론에 자주 등장했습니다. 그러나 이 사업을 비롯해 몽골 언론인과 파워 블로거 방한 초청 사업 등을 시행한 이후 한국에 대한 악의적 기사가 크게 줄어드는 성과를 거두었습니다.

③ 인적네트워크 구축사업: 주 시애틀 총영사관, 한국전 참전용사 위문 행사

시애틀 및 미국 북서부 지역의 한국전 참전 용사와 가족들을 초청해 평화의 사도 매달 수여식, 한국의 발전상 비디오 상영 그리고 만찬 행사를 통해 참전 용사들에게 감사를 표하고, 한국의 발전상을 알리는 행사입니다. 한국전 참전 기념비와 지역 보훈병원, 현지 호텔에서 세 차례 행사를 개최했으며, 총 650여 명이 참여했습니다.

④ 코리아 코너 개설 사업: 주 콜롬비아 대사관, CESA 코리아 코너 개설 사업

CESA(Colegio de Estudios Superiores de Administracion, 행정고등대학교)가 2만 달러 상당의 한국 관련 서적을 구입하고, 대사관이 영화, 드라마, 음악 CD 등을 기부해 2014년 8월 24일 CESA 중앙도서관에 '코리아 코너(Korea Corner)'가 개설되었습니다. 개막식에 콜롬비아 외교부의 아태국장을 비롯해 주요 인사와 한·콜롬비아 문화 친선협회 회원 등 80여 명이 참석했습니다. 콜롬비아에 최초의 한국학 자료실을 개설함으로써, 초기

단계에 있는 콜롬비아의 한국학 연구를 증진하는 데 기여할 것으로 기대합니다.

⑤ 퀴즈 온 코리아 사업: 주 카자흐스탄 대사관, 퀴즈 온 코리아 예선전
   2012년에 이어 두 번째로 서울에서 열리는 퀴즈 온 코리아(Quiz on Korea) 대회 예선전을 개최했습니다. 현지 학생 100여 명이 참가해 한국 관련 퀴즈 문제를 풀고, 케이팝 커버 댄스 공연 등을 병행해 참가자들의 흥미를 유발하여 한국문화에 대한 관심과 이해를 높일 수 있는 기회를 제공했습니다.

⑥ 지구촌 한국의 맛 콘테스트: 주 이집트 대사관, 지구촌 '한국의 맛' 콘테스트
   참가자들이 비빔밥, 불고기, 잡채 중 하나를 선택해 자기 스타일로 음식을 만들어 경쟁하는 행사를 개최했습니다. 콘테스트 이전에 한국인 요리사가 참가자들에게 5회에 걸쳐 한식 요리법을 지도함으로써 현지인들에게 한식 요리법을 배우는 기회를 제공했습니다. 참가자 가족들과 이집트 젊은이들을 행사에 참여시켜 참가자들이 만든 요리에 대해 설명을 듣고 직접 맛보도록 했습니다. 이를 통해 이집트 국민들이 한식과 이집트 음식의 유사성을 발견하게 함으로써 한국에 대한 친밀감을 높이는 데 기여했습니다.

⑦ 케이팝 월드 페스티벌: 주 크로아티아 대사관, K-POP 월드 페스티벌 2014 지역 예선
   케이팝 월드 페스티벌(K-POP World Festival)은 주재국에서 최초로 개

최된 케이팝 행사로, 크로아티아뿐만 아니라 인근 국가에서도 참여를 희망하는 등 상당한 관심을 끌었습니다. 7개 팀 33명의 참가자와 크로아티아 케이팝 동호회 회원 등 150명이 참석한 이 행사에서는 한국 과자를 선물해 한국에 대한 관심을 유도했습니다.

⑧ 외국 교과서 내 한국 발전상 기술 확대: 주 스페인 대사관, 교과서 오류 시정 및 한국 발전상 기술 확대 사업

스페인의 3대 자치주인 마드리드, 카탈루냐, 안달루시아 내 중고등 사회·역사·지리 교과서 총 68권의 동해 표기와 한국 관련 기술 현황을 조사하고, 스페인 국립지리원장을 면담해 지리원에서 제작하는 지도에 동해 표기 확대 관련 협조를 요청했습니다. 스페인 국립지리원은 2012년 이후 동해 병기 원칙을 적용해 오고 있습니다. 이와 함께 스페인의 최대 교과서 출판사인 산티야나(Santillana)사와 협의해 2015년부터 한국 관련 기술 오류 시정과 동해 병기 등을 약속받는 성과를 거두었습니다.

⑨ 스포츠 공공외교 협력: 주 코트디부아르 대사관, 대사 배 태권도 대회

이 사업에는 선수와 관객 포함 500여 명이 참석했고, 코트디부아르 국영방송 RTI(Radio Television Ivorian)는 이 대회를 전국에 중계방송함으로써 태권도의 인기를 높이는 데 기여했습니다. LG전자는 2013년에 이어 2014년에도 이 대회를 후원하여 상품과 경품을 제공하고 행사장 곳곳에 로고가 찍힌 배너를 전시함으로써 홍보 효과를 거두기도 했습니다. 이 대회의 부대 행사로 태권도 시범단과 현지 공연단의 축하 공연이 있었습니다. 코트디부아르에서 태권도는 축구에 이어 제2의 인기 스포츠로 자리 잡았습니다.

4) 기타 정부 부처

앞서도 살펴보았지만, 우리나라의 '공공외교법' 시행령에는 '공공외교위원회'를 두고, 정부위원 15명이 위원회에 참여하도록 했습니다. 정부위원이란 14개 정부 부처의 차관과 차관급 인사들입니다. 외교부 장관은 위원장으로서 참여합니다. 기획재정부·교육부·과학기술정보통신부·외교부·통일부·행정안전부·문화체육관광부·농림축산식품부의 차관과 국무조정실 차장은 당연직 위원이고, 나머지 부서(법무부, 국방부, 산업부, 여가부, 국가보훈처 차장)의 차관급 다섯 명도 정부위원입니다. 그리고 제1차 공공외교 기본계획을 보면 17개 부처가 시행하려고 하는 공공외교 사업들이 자세히 나와 있습니다. 공공외교의 정의를 다시 떠올려 보면 그 주체는 정부입니다. 외교부가 주도적 역할을 할 수밖에 없는 것이 사실이지만, 상대방 국가의 대중을 대상으로 하는 공공외교 사업분야는 사실 모든 정부 부처의 담당 영역을 망라한다고 볼 수 있습니다. 다음은 많은 문화체육관광부, 교육부, 여성가족부, 중소벤처기업부의 공공외교 사례를 살펴보겠습니다.

(1) 문화체육관광부

외교부를 제외하고 공공외교에 필요한 자산을 가장 많이 보유한 부서는 아마도 문화체육관광부일 것입니다. 문화체육관광부는 문화공공외교의 상당 부분을 담당하는 부서로서 외교적 목적과 연계되지 않는 순수한 한국 문화 소개 사업을 주로 하고 있지만, 외교적 필요에 의한 문화행사나 사업도 외교부와의 협력을 통해 시행하고 있습니다. 문화체육관광부 산하에 있는 한국문화원은 전 세계 27개국 32개 도시에 자리 잡고 있으며, 한국의 문화자산을 그 나라 대중에게 알리는 역할을 하고 있습니다. 문화체육관광부는 또 한국문화원이 없는 나라에는 또 다른 산하기관인 한국관광공사(Korea Tourism Organization) 지사를 32개 도시에 두고 있습니다. 이 지사들이 운영하는 코리아 플라자(Korea Plaza)에서는 한국 관광 관련 자료는 물론이고 한복과 한국의 공예품이 전시되어 있으며, 케이팝과 한국 음식 배우기, 한국 영화 상영 등을 실시해 실질적으로 한국문화원의 역할을 하고 있습니다.

문화체육관광부는 문화 사업 이외에도 한국어 확산 사업도 하고 있습니다. 2012년에 출범한 산하기관 세종학당(재단법인)은 중국의 공자학원과 비슷한 한국어 교육기관입니다. 2020년 현재 전 세계 76개국에서 213개의 세종학당이 운영 중입니다. 보통은 현지의 대학 시설을 빌리고 한국에서 교원을 파견해 한국어 강좌를 열고 있습니다. 213개의 세종학당 중 72개 학당은 한국의 운영 기관들(대부분은 대학교)이 현지 기관과 협력해 운영하고 있습니다.

외교부 산하 KF가 하는 한국어 사업은 현지의 대학만 대상으로 하지만, 세종학당은 정규학교에서의 한국어 교육 과정이 아닌 일반인을 상대로 하는 한국어 교육기관입니다. 세종학당재단은 한국어 교원을 양성해 세종학당에 파견하며, 최근에는 '모바일 한국어 학습 앱'을 통해 온라인으로 한국어 교육 및 학습도 지원하고 있습니다. 세종학당은 단순히 한국어 교육기관에 그치는 것이 아니라, 한국 문화 관련 행사도 열고 한국 문화 연수 사업 등도 시행해 한국 문화를 전파 역할도 하고 있습니다.

(2) 교육부
교육부는 국민 교육 관련 업무를 전담하는 부서이지만 공공외교 영역에서도 매우 중요하고 활발한 활동을 하고 있습니다. 이것은 한국에만 해당하는 것이 아니라 미국, 영국, 호주, 일본 등 많은 나라에도 적용되는 사항입니다. 한국의 '2020년도 공공외교 종합시행계획'에 나타난 교육부의 사업계획을 보면 ① 해외 한국 관련 오류 시정 및 기술 확대, ② 해외 한국어 교육 및 한국어 보급 확대, ③ 우수 외국인 유학생 유치 강화, ④ 해외 한국학 네트워크 강화 및 거점 육성 등이 있습니다. 이 중에서 ③번 우수 외국인 유학생 유치 강화는 미국의 전후 공공외교 사업에서 중요시하던 사업을 연상시킵니다. 미국은 풀브라이트 프로그램과 같은 국제교육교류 사업들을 통해 외국의 우수한 젊은이들을 미국의 교육기관에서 교육받을 수 있도록 지원해 훗날 이들이 본국으로 돌아가서도 미국에 대해 우호적인 생각과 태도를 갖도록 하고, 또 여론 주도층이 되어 미국에 우호적인 정책을 만드는 데에 기여하기를 원했습니다. 한국교육부의 우수 유학생 유치 사업도 같은 목표를 가진 것으로 보입니다.

교육부의 공공외교 사업으로는 한국 바로 알리기, 정부초청외국인 장학생 선정, 해외한국학중핵대학 육성, 한국학 전략연구소 육성, 한국학 세계화 랩, 해외 초중등학교 한국어 채택 지원, 해외 현지학교 한국어 교원 파견 등이 있습니다. 외국의 학교에서 한국어를 가르쳐 어려서부터 한국어를 습득하게 되면, 한국에 대한 관심이 생겨나고 한국에 대한 이해도 폭넓어집니다. 이러한 이유로 해외에서의 한국어 교육은 매우 중요한 사업이며, 교육부는 관련 사업을 매우 활발히 진행하고 있습니다. '해외한국학중핵대학 육성 사업'의 경우 외국의 유명 대학교에 한국 관련 학과 설립 예산을 지원하고, 한국학·한국어 관련 교수 채용 예산을 지원하는 사업입니다. 이러한 사업의 목표는 관련 학과를 개설한 대학과 대학원에서 한국어나 한국학을 전공하는 학생들이 늘어나는 것과, 이들이 박사학위를 취득해 대학이나 연구소에서 한국어나 한국학을 가르치는 학자로 성장하도록 돕는 것입니다. 그렇게 되면 또 그 제자들이 대학의 한국 관련 학과에 취업해 후학들을 양성하는 하나의 사이클이 완성되는 것입니다. 이러한 시스템을 만들기 위해 중핵 대학(핵심적 거점 대학이라는 의미겠지요)을 집중 지원하는 것입니다.

(3) 여성가족부

다음은 여성가족부가 어떠한 공공외교 사업을 하고 있는지 한번 볼까요? 제 생각에 여성가족부 공무원들은 공공외교 종합시행계획 계획서를 내라고 했을 때 엄청 많은 고민을 했을 것입니다. 공공외교라는 말도 처음 들어봤고, 또 왜 '외교' 관련한 계획을 여성가족부가 세워 보고해야 하는지 어리둥절했을 것입니다. 2020 종합계획을 수립하면서 정부에서는 정부 부처들이 공공외교에 대한 이해가 부족해 기존에 공공외교 사업을 하면서도 그것이 공공외교 사업이라는 것을 인지하지 못하는 경우도 많다는 점을 강조한 바 있습니다. 반복해 말하지만, 공공외교 사업은 특별히 어려운 사업이 아니라 외국과 관련된 사업 중 그 나라 대중이 한국에 대해 가지는 이미지나 인식에 영향을 미칠 수 있는 사업을 일컫습니다. 여성가족부의 공공외교 사업들을 살펴보면 쉽게 일해할 수 있을 겁니다.

여성가족부는 크게 두 가지 영역의 사업계획을 제시했는데요. 하나는 '결혼이민 예정자 및 다문화가족 대상 한국 이해 제고 및 청소년 국제교류 지원을 통한 청소년 간 우호 증진', 또 하나는 '주요국 대상 여성·평화·안보 분야 국제공조 강화와 한반도 평화와 통일 비전에 대한 국제사회 지지 확보'입니다. 구체적 사업들을 살펴보면 결혼이민 예정자를 위한 한국 생활 포켓 가이드북 제작 배포, 국제청소년리더 교류 지원, 아시아 성평등 교육 전문가 양성 교육, 유엔 안보리 결의 1325호 등 한반도 여성·평화·안보 관련 국제협력 강화, 다문화가족 봉사활동, 세계한민족 여성네트워크 운영 등입니다.

한국에 살고 있는 외국인들은 사실 공공외교의 중요한 대상입니다. 상대국 대중에 접근하는 것은 사실 외교부의 해외 공관이 아니면 쉬운 일이 아닙니다. 그러나 발상을 전환하면 이미 한국에 들어와 있는 외국인들은 우리 국민이나 정부 부처들이 쉽게 접근할 수 있는 외국인들입니다. 이들에게 한국을 알리는 활동, 한국의 정책을 설명하는 활동 등은 매우 효과적이고 비용 면에서도 효율성이 높은 사업이라고 볼 수 있습니다. 이 외에도 해외의 각종 국제기구 등에서 글로벌 어젠다를 위한 국제협력에 적극 참여하는 것도 기여공공외교의 중요한 부분입니다. 여성가족부는 기왕에 해오던 이런 사업들을 공공외교 사업으로 제시한 것입니다.

(4) 중소벤처기업부

마지막으로 정말 공공외교와 관계가 없어 보이는 중소벤처기업부의 2020 공공외교 주요 계획을 살펴보겠습니다. 종합시행계획에 나온 내용을 그대로 소개하겠습니다.

① APEC등 다자협의체와 연계하여, 협의체 내 중소기업에 대한 혁신 컨설팅을 제공하여 우호적 기반 조성.

② APEC 중소기업 혁신컨설팅, 2020 APEC 중소기업 포럼, APEC SME 사이버보안 포럼(Cyber Security Forum) 개최.

이것이 중소벤처기업부의 2020 공공외교 주요 계획입니다. 제가 보기에 이러한 계획은 공공외교 사업계획이라기보다는 중소벤처기업부의 국제협력 사업을 적어놓은 것 같습니다. 이 계획을 작성한 중소벤처기업부 공무원의 고초가 그대로 느껴집니다. 우선 공공외교가 무엇인지도 잘 몰랐을 거고, 우리나라의 중소기업과 벤처기업을 주로 지원하는 부처에 공공외교 계획을 내라고 하는 주문 자체가 원망스러웠을 것입니다. 저도 모든 부처가 공공외교 사업을 꼭 해야 한다는 견해는 부정적으로 생각합니다. 그래도 중소벤처기업부가 공공외교 사업을 굳이 만들어야 한다면, 우리나라 중소기업들이 개발한 창의적인 제품이라든지 기술을 해외에 소개하고 외국 중소기업들에 협력하거나 컨설팅 기회를 제공하는 행사 정도를 생각해 볼 수 있습니다.

2. 지방자치단체

오늘날에는 국가 하부 단위의 활동 영역이 점차 확대되는 현상을 볼 수 있습니다. 지방자치단체(이하 지자체)들도 그렇지만 연방제하에서의 주정부는 실질적으로 외교와 국방 영역을 제외한 기타 영역에서 다른 국가를 상대로 외교와 비슷한 활동을 하고 있습니다. 트럼프 대통령의 결정으로 미국이 기후변화를 위한 파리기후변화협약에서 탈퇴하자 마이클 블룸버그(Michael Bloomberg) 뉴욕 시장, 개빈 뉴섬(Gavin Newsom) 캘리포니아 주지사 등 미국의 주요 시장, 주지사 등이 시나 주 차원에서 파리기후변화협약의 약속 사항을 준수하여 자발적으로 이산화탄소 감축을 이행하겠다고 선언한 적이 있습니다. 요즘 심심치 않게 볼 수 있는 도시 차원의 외교 활동입니다. 공공외교 측면에서도 지방자치단체들은 타국의 지자체들을 상대로 국가 차원의 공공외교와 유사한 국제 활동을 하고 있습니다.

지방자치단체가 공공외교의 주체가 될 수 있다는 것이 이상하게 들릴 수 있지만, 한국에서 지자체는 '공공외교법'이 규정하는 공공외교의 주체(국가, 민간단체, 지자체) 중 하나입니다. 대한민국 '공공외교법' 제2조에 따르면 "국가가 직접 또는 지방자치단체 및 민간 부문과 협력하여 …… 외국 국민들의 이해와 신뢰를 증진시키는 외교활동"이라고 명시하고 있습니다. 또 공공외교 추진 전략에서도 "중앙부처-지자체-민간의 협업 및 조율체계 확립"이라고 명시해 지자체와 중앙정부 간 공공외교에서의 협력의 중요성을 강조하고 있습니다. 현재 '공공외교법' 시행령에 따르면 지자체는 5개년 기본계획 수립 시 외교부와 협의하고, 기본계획에 따라 연간 시행계획을 외교부에 제출(11월 말까지)해야 하며, 지자체 차원의 공공외교 활동 수행 및 실적을 제출해야 합니다.

그렇다면 지방자치단체는 왜 공공외교에 관심을 가질까요? 지자체는 중앙 및 서울 중심의 국제교류와 공공외교에서 소외되는 현상을 극복하여 지자체 스스로가 국제적 교류 활동의 주체가 되려는 열망이 있습니다. 또한 글로벌화와 함께 지방 거주민들의 세계에 대한, 그리고 국제적 활동에 대한 관심이 커지면서 지방자치제는 중앙의 의존 없이 지자체 차원의 국제교류 등을 통해 지자체 주민들의 국제적 소양을 강화하고 이들의 국제적 활동에 대한 관심을 충족시켜야 할 필요가 생겼습니다. 한국의 매력을 소개하고 호감을 얻는다는 측면에서 지자체들은 국가 전체 차원과는 별개로 해외에서 매력을 발휘할 수 있는 문화적·지식적 자산이 있습니다. 다양한 관광자원과 많은 문화유산이 곳곳에 있어, 지방이나 도시가 저마다의 특성과 매력을 가지고 있습니다. 팔만대장경판을 보유한 해인사가 있는 합천이나 세계에서 가장 오래된 금속활자 인쇄물『직지심체요절』을 찍어낸 흥덕사가 있는 청주 등은 이를 홍보합니다. 그 외에 다양한 무형문화유산들도 대부분 지자체 관할하에 있다고 볼 수 있습니다.

지자체의 독립적인 국제 활동의 증가, 도시 차원의 외교 등장은 다중심외교 패러다임에서 이해할 수 있습니다. 이미 도시는 국가와는 별개의 정체성이 있는 독자적 외교의 행위자로 부상했습니다. 앞서 설명했듯이 기후변화와 관련해 미국 주요 도시의 시장들은 미국 연방정부의 파리기후변화협약 탈퇴와는 상반되게, 자발적인 의무 이행을 선언한 바 있습니다. 2016년에는 서울에서 세계 34개 도시 시장들이 '2016 세계 도시 기후변화 시장 포럼'에 참가하여 도시·지방들이 자발적으로 온실가스 감축 목표를 설정하고 구체적인 실천 방안들을 공유하기도 했습니다. 다시 말해 이제 도시나 지방자치단체들이 독자적으로 외교에 참여하는 외교의 다중심화가 현실화되면서, 지자체 차원에서 맞춤화된 공공외교를 시행할 분위기가 형성되어 있습니다. 이미 설명한 바와 같이 도시(광역지자체)를 비롯한 지자체는 자기만의 장점과 매력을 가지고 상대국 대중(혹은 특정 지역민들)을 상대로 공공외교를 펼칠 준비가 되어 있다고 볼 수 있습니다. 공공외교 참여 기회, (수혜자로서의) 혜택 등에서 지역적 불균형을 해소해야 한다는 점을 고려한다면, 지자체에 거주하는 국민들이 공공외교에 참여할 수 있는 제도적 지원 시스템을 마련할 필요가 있습니다.

김형수, 노병렬 박사가 제시한 우리나라 지자체들의 국제교류 현황과 공공외교 활성화 방안을 정리해 보겠습니다(김형수·노병렬, 2016).

지방자치단체의 국제교류협력은 자매결연(sisterhood relationship)과 우호협력(friendship) 형태로 이루어지고 있습니다. 중앙정부에서 국제교류가 외교(diplomacy)라는 형태로 나타나고 있다면 지방자치단체 사이의 국제교류에서는 자매결연이라는 형태가 절대다수를 차지하고 있습니다. 자매결연은 "한 정부가 다른 지방정부에 대해 상호 공동의 관심사에 대한 긴밀한 협력을 약속하고 행정, 경제, 문화, 인력 등 다양한 분야에서의 친선과 공동발전을 도모해 나가는 교류협력의 약속을 맺는 것"으로 정의할 수 있습니다. '지방자치법' 제39조 제1항 10호의 '외국 지방자치단체와의 교류협력에 관한 사항'과 '지방자치법' 시행령 제15조에 근거해 우호협력은 자매결연의 전 단계를 지칭하는 것으로 교류 추진에 대한 예고의 의미로 사용되며, 이는 자매결연과 달리 지방의회의 의결이 필요하지는 않지만 추진 방식은 자매결연과 동일합니다. 일반적으로는 우호협력을 바탕으로 일정한 신뢰 관계가 형성된 이후에 자매결연을 체결하는 게 순서입니다.

우리나라의 경우 1961년 6월 경상남도 진주시가 미국 오리건주 유진(Eugene)시와 최초로 자매결연을 체결한 이후로, 2015년 12월 현재 우리나라 지방자치단체가 체결한 자매결연은 50개 국가와 658건, 우호협력은 54개 국가와 800건을 체결했습니다. 외국 지자체와의 자매결연은 행정자치부 훈령인 '국제도시간자매결연업무처리규정' 제47호에 의해 행정자치부의 승인인 얻어야 했으나, 2004년에 이 규정이 폐지되면서 현재는 자치단체의 자율에 맡기고 있습니다.

각급 지방자치단체의 교류 지역을 살펴보면(2015년 기준), 아시아가 980건(67.4%)으로 가장 많은 비중을 차지하고 있으며, 북미 지역 182건(12.5%), 유럽 180건(12.4%), 남미는 55(3.8%), 대양주는 29건(2%), 중동·

아프리카 29건(1.2%) 순서입니다. 교류 국가별로 분석해 보면 중국이 589건(40.3%)으로 가장 많고, 일본이 200건(13.7%), 미국 163건(11.6%)으로 이 3개국이 65.6%를 차지하고 있어 지리적 인접성과 전통적인 우호 관계가 국제교류 협력 대상 선정에 중요한 요인으로 작용하고 있습니다. 베트남, 몽골, 필리핀 등과는 지난 10년 사이 교류협력 비중이 증가하는 추세인데, 이것은 외국인고용허가제 도입 및 결혼이주여성의 유입 증가와 함께 문화적 접근성이 높아진 결과로 보입니다.

지자체가 활발히 국제교류 활동을 펼치고 있지만, 거기에는 일정한 한계와 문제점이 있습니다. 첫째, 제도 차원에서는 국가 사무와 지방 사무의 차이가 교류 형태에 영향을 미치고 있습니다. 공공외교와 관련된 사무는 국가 사무로서, 지자체가 체결하는 양자 간의 교류협정은 '대외 합의서'나 '기관 간의 약정' 또는 '양해각서' 수준입니다. 이러한 형태는 자율성이 부여되는 반면, 책임성을 확보하기 어려운 측면이 있습니다. 둘째, 지방자치단체의 국제교류 협력 역량 문제입니다. 국제교류 업무는 국제 감각을 지닌 전문직 공무원을 요구합니다. 그러나 중앙정부의 경우 공식적인 절차를 통해 선발된 전문 외교관이 정부의 외교를 수행하는 반면, 지방자치단체는 이와 같은 시스템이 부재합니다. 국제교류 및 국제협력 전담 부서를 갖춘 지자체도 많지 않고, 관련 직책도 순환보직으로 운영되거나 계약직 등으로 채용되어 국제교류 업무 전반의 연속성 단절과 전문성 부재로 이어지는 악순환의 원인이 되고 있습니다. 셋째, 인력의 전문성 부재에 따른 교류 수준의 한계입니다. 성공적인 국제교류 추진을 위해서는 체계적으로 정보를 수집하고, 충분히 사전 교류하여 상대 지역과의 유사성, 상호보완성, 향후 발전성을 종합적으로 검토해야만 합니다. 전문 인력 부재라는 악순환은 교류 대상과 형태의 다양성으로 이어지지 못하고 있으며, 교류 유형 또한 단기적인 이벤트성 교류에 그친다는 한계가 있습니다. 지자체의 교류 국가가 아시아 지역에 68%가 편중된다는 사실은 이를 증명하고 있습니다. 교류협력에 대한 중장기적 비전과 전문적인 계획 없이 정무직인 고위 정책결정자의 의중에 의해 교류가 추진되는 특성 때문에 교류의 내용이 지속 가능한 관리로 이어지지 못한다는 문제도 있습니다. 이로 인해 교류 내용의 실용성이 떨어지고 답보 상태에 빠지는 경우 또한 많습니다.

이미 지자체들은 지역 차원에서의 특수성과 사정을 바탕으로 자신들에게 맞는 상대국 지자체와 다양한 국제교류협력을 시행하고 있습니다. 한국 공공외교의 일부분을 차지하는 지차제의 활동에서 개선해야 할 점을 살펴보겠습니다. 첫째, 지금까지의 단순 교류협력을 넘어 본격적인 글로벌 차원의 협력으로 나아갈 준비를 해야 할 것입니다. 지금까지 우리나라의 국제교류는 자매도시 및 우호협력 협약 체결 등을 통한 평면적인 교류가 주를 이루었습니다. 이것은 국제교류 초기 단계에서 나타나는 특성으로, 국제교류의 양적 확대에 치우치는 경향이 있습니다. 이같이 단순한 자매결연 수 늘리기식 교류에서 벗어나야 합니다. 현재는 빈곤, 환경, 보건, 에너지, 인권, 테러 등 초국가적 문제가 증가하면서 이를 해결하기 위해 외국이나 외국 도시, 국제기구와의 협력 필요성이 갈수록 커지고 있습니다. 국제협력 역량이 뛰어난 도시는 독자적인 공공외교를 전개할 수 있지만, 역량이 충분치 않는 지자체가 공공외교 효과를 극대화하기 위해서는 타 도시와 연합해 공동 외교 전선을 펼칠 수도 있습니다. 도시-지방정부연합(United Cities and Local Government)과 유럽도시연합(Eurocities) 등은 도시 다수가 공동으로 기여형 공공외교를 추진하는 대표적 사례로 볼 수 있습니다. 둘째, 지자체의 전문적인 공공외교 전략 수립과 집행을 위해 지역 외교 전문가 양성이 필요합니다. 7급 이하 지방직 공무원시험에서 외교 직렬을 별도로 채용하지 않는 현실에서, 지방외교 전문가를 양성하기는 어렵습니다. 현행 국제통상 직렬을 국제교류 업무에 우선 배치하고, 이들을 전문직제로 지정하여 인사 시 순환배치를 하지 않는 등 제도적 보완이 필요합니다.

1) 지자체 공공외교의 실제 사례

2020 공공외교 종합계획에 나타난 지자체들의 공공외교 사업을 살펴보겠습니다.

(1) 경상북도

경상북도의 공공외교 사업 방향은 "신북방, 남방정책의 지속 가능한 발전을 위한 교류 사업 확대·추진 및 지방외교 강화, 문화 콘텐츠를 활용한 교류 사업 추진 및 독도 바로 알리기 홍보 강화"입니다. 구체적인 사업으로는 한러 수교 30주년 한국문화콘서트, 경북 공예품 베이징 특별전, 외국인 유학생 독도 사랑 한마당, 경상북도 배 중국 자매우호지역 한국어 말하기 대회 개최, 러시아 연해주 체육부 청소년 초청 사업 등이 제시되어 있습니다. 전체적으로 보았을 때 김형수, 노병렬 교수의 2016년 연구에 나타난 지자체의 공공외교 특성이 그대로 유지되고 있는 것으로 보입니다. 자매결연 지역과의 교류 사업들, 문화 관련 행사, 청소년 초청 사업 등 인적 교류 사업이 주를 이루고 있습니다. 방향 면에서는 신남방·신북방 정책에 부응하는 해당 국가들과의 교류 사업 확대가 눈에 띄는데, 이러한 방향은 아마도 다른 지자체도 동일할 것으로 생각됩니다.

지자체들은 대체로 주요 국정 과제에 부합하도록 사업 방향을 잡는 것이 관행이니까요. 아쉬운 것은 경상북도의 특성과 장점을 살린 공공외교 사업이 보이지 않는 것입니다. 독도 바로 알리기 홍보 강화 정도가 지역적 특성을 반영하고 있습니다.

(2) 세종특별자치시

종합계획 중에서 행정 중심 복합도시 세종특별자치시를 살펴봅시다. 세종시는 "쌍방향 국제 문화예술교류 활성화, 세계적인 행정도시로 도약하기 위한 우호적인 글로벌 환경 조성, 세종시 관광자원의 홍보강화를 통해 대외 인지도 및 선호도 제고"를 주요 계획 방향으로 제시하고 있습니다. 기본적으로 세종시에 대한 대외 홍보를 강화해서 세종시의 인지도를 올리겠다는 목표로 보입니다. 공공외교를 대외협력 사업과 동일시하기 때문에 나타나는 현상이라고 생각합니다. 지자체들은 자체의 특성과 매력 포인트를 활용해 외국 대중에게 지자체, 더 나아가 한국에 대한 호감과 이해를 강화하는 차원에서 공공외교 사업을 기획하고 개발해야 할 필요가 있습니다. 세종시의 구체적 사업계획을 보면 "국제문화예술교류(터키), 국제청소년 한중문화교류, 다문화 가족과 함께 하는 공공외교(다문화 요리교실), 제2차 세계행정도시연합 집행이사회 및 세계 스마트시티 국제포럼 개최" 등입니다. 문화교류, 인적 교류 등이 공공외교성 사업으로 보이며, 세종시의 국제협력 사업도 들어 있습니다. 조금 생각해 봐야 할 사업이 다문화 관련 사업입니다. 다문화가정이란 부모 중 한 명이 외국인인 경우를 말합니다. 다문화 관련 사업이 공공외교의 범주에 들어갈 수 있을까요? 세종시뿐만 아니라 많은 지자체들이 공공외교 계획에 다문화 관련 사업을 포함하고 있습니다. 사실 다문화가정에 대한 사업들은 교육부, 법무부, 여성가족부 등과 관련 있습니다. 이 가정의 자녀들을 포함한 구성원들에게 교육 지원, 법률적 지원 등 다양한 지원이 필요하기 때문입니다.

공공외교 측면에서 보면 다문화가정의 외국인 부모가 자신의 모국과 관계를 맺고 있기 때문에 한국을 알리는 역할을 할 수 있는 것이 사실입니다. 이 사람들이 한국에 대해 올바른 정보와 인식, 호감을 가지고 있어야만 모국의 가족에게 한국을 좋은 방향으로 홍보할 수 있을 것입니다. 이는 한국에서 공부하는 외국 유학생들에게도 마찬가지로 적용됩니다. 그들을 통해 많은 사람들이 한국이라는 나라를 접할 것입니다. 어떤 유학생이, 또는 한국에 시집온 외국 여성이 한국에서 부당한 대우를 받았거나 한국인들의 나쁜 측면만 경험했다면 그들은 본국의 가족, 친지, 친구에게 험한 감정을 퍼뜨리는 역할을 할 것입니다. 그러므로 한국에 대한 정확한 정보를 다문화가정에 제공해 호감을 갖게 하는 것도 공공외교를 위한 기반 조성 사업이 될 수 있을 것입니다. 특히 충청북도의 '다문화가족 친정부모 초청 사업'이나 인천광역시의 '온 세상과 통하는 다문화가족 축제' 등은 공공외교와 연관된 사업으로 볼 수 있습니다.

3. 민간단체

한국의 '공공외교법'에서는 민간을 공공외교의 주체로 명시하고 있습니다. 공공외교의 핵심 주체는 정부이지만, 정부 혼자서 공공외교를 담당하기에는 한계가 있습니다. 또 전 세계적으로 시민사회의 성장으로 민간단체의 역량도 크게 성장했고, 외국 대중에게 접근할 수 있는 기회도 시민사회 간의 교류 확대로 매우 넓어졌습니다. 공공외교 사업을 시행하는 많은 민간외교 단체들이 있습니다. 외교부는 KF와 함께 민간외교 단체 커뮤니티를 만들어 지원하고 있습니다. 민간외교 단체는 외교부 또는 지방자치단체에 등록된 외교부 소관 비영리법인입니다. 민간외교 단체 커뮤니티는 세계 속에서 한국의 가치를 높이기 위해 전 세계를 대상으로 활동하는 단체들의 정보 공유를 목적으로 만든 것입니다. 이 커뮤니티에 속한 몇몇 민간단체의 활동을 살펴보면서 민간 차원에서의 공공외교가 어떻게 이루어지는지 알아보겠습니다.

1) 한미친선좋은친구협회

한미친선좋은친구협회는 한미 양국 간 우호증진정책 개발, 주한 미군 위문 및 기타 한미 공조 체제에 대한 대국민 홍보 사업 등을 하는 사단법인입니다. 주로 주한 미군을 대상으로 사업을 전개하고 있습니다. 이 단체의 대표적인 활동 하나를 소개하면, 2016년 5월 미7공군 모범 장병 32명을 초청해 제주도 투어 행사를 했습니다. 이는 주한 미군들에게 한국에 더 친밀해지고 한국인들과의 유대 관계를 강화할 수 있는 기회를 제공하기 위한 활동입니다.

2) 한국베트남우호협의회

한국베트남우호협의회는 2017년 7월 11~12일 베트남 출신 다문화 가정 친정 부모 초청 한마음대회를 중소기업중앙회 대연회장에서 개최했습니다. 이 초청 행사는 이 사업 역사상 최대의 인원(83명)이 초청되어 베트남의 부모들이 딸과 사위, 손주들을 만나는 뜻깊은 행사였습니다. 이 행사는 베트남과의 수교 25주년을 기념한 행사로 KF의 후원으로 이뤄졌습니다.

3) 글로벌호프

글로벌호프(Global Hope)는 외교부 산하 비영리 사단법인으로, 희망을 함께 나누는 지구촌 공동체를 이루겠다는 목적으로 설립되었습니다. 긴급재난구호를 시작으로 재건·개발을 통한 총체적인 변화를 이루기 위해 국제개발협력 사업에 참여하고 있습니다. 글로벌호프는 미얀마, 네팔 등의 지구촌 아이들에게 희망을 전하기 위해 기획된 '지구촌 희망의 마을 세우기' 협력프로그램 행사를 서울 덕수궁 돌담길에서 진행한 바 있습니다. 참가 시민들은 현장에서 지구촌 아이들에게 직접 희망의 메시지를 적어 보냈습니다. 이 외에도 철가방 만들기, 전통의상 입고 사진 찍기, 동전 던지기, 캘리그래피 등등이 다채롭게 진행되었습니다.

4) 해피아시아

해피아시아의 1004사회적공동체는 봉사단체 연합체로, 주로 아시아 빈곤 국가에 인도적 지원을 합니다. 2015년 1월 31일부터 2월 3일까지 캄보디아 톤레사프(Tonlé Sap) 호수 지역을 방문하여 인명구조 장비인 구명조끼 1200개, 튼튼하게 지은 수상가옥 50채, 20kg들이 쌀 150포, 부식 세트 300개를 후원했습니다.

4. 일반 국민

　지금은 공공외교가 정부의 전유물인 시대가 아닙니다. 시민사회의 성장, 정보통신혁명으로 일반인들도 공공외교를 펼칠 수 있는 시대가 되었습니다. 하지만 현실에서 국민 개개인이 공공외교를 수행하기는 쉽지 않습니다. 그러나 조금만 생각해 보면 해외 여행지에서 만난 외국인들을 상대로 한국에 대한 오해나 잘못된 편견을 바로 잡거나, 국내에 거주하는 외국인에게 한국을 소개하고 알리는 것도 훌륭한 공공외교입니다. 그러나 이러한 개인 차원의 공공외교는 언어 능력이나 참여 기회 제약 등의 문제가 따릅니다. 그러므로 한국 외교부는 국민들이 공공외교에 참여할 수 있는 사업들을 적극적으로 개발하여 시행하고 있습니다. 외교부의 '국민참여형 공공외교 사업'에 대해 알아보겠습니다. 외교부의 '국민참여형 공공외교' 사업은 ① 국민이 공공외교 프로젝트의 직접 기획·시행자로 참여하는 '국민모두가 공공외교관', ② 국내외 청년의 자발적·창의적 아이디어를 활용한 '청년 공공외교단', ③ 시니어의 풍부한 경험과 식견을 활용한 '시니어 공공외교단', ④ 젊은 문화예술 인재들을 문화적 불모지인 개도국에 문화 봉사단으로 파견하여 현지의 문화 꿈나무를 발굴하는 '글로벌 문화꿈나무', ⑤ 다문화 가족과 함께 하는 공공외교, ⑥ 국내 대학생을 재외공관에 파견하여 각 공관이 시행하는 현지 공공외교 사업을 측면에서 지원하도록 함으로써 공공외교 참여기회를 제공하는 사업 등이 있습니다. 이 중에서 학생들이 관심을 가지고 있는 '재외공관 공공외교 현장 실습원 사업'과 KF에서 수행하는 'KF 국민공공외교 프로젝트'에 대해 자세히 알아보겠습니다.

　재외공관 공공외교 현장 실습원 사업은 외교부가 국민과 함께 수행하는 공공외교 사업으로 우수한 우리 청년들을 선발해 공공외교 현장을 체험하게 하고, 해외 진출 및 진로 모색 기회를 지원하는 사업입니다. 선발되면 세계 각국의 우리 공관에서 수행하는 다양한 공공외교 활동을 지원하는 임무를 맡습니다. 활동 기간은 6개월이며 왕복 항공료와 체재비를 지원받습니다. 주요 활동은 해외 공관에서 시행되는 공공외교 문화 활동(친한 외국인 기반 구축, 한국영화제, K-POP 월드 페스티벌 지역 예선, 대사 배 태권도 대회 지역 예선, 코리아 코너 설치)을 지원하고, 뉴미디어 외교 (SNS를 통한 한국 홍보, 대사관 홈페이지를 통한 한국 홍보) 등을 지원하는 것입니다.

KF 국민 공공외교 프로젝트는 국민들이 직접 국내 혹은 해외에서 실행할 공공외교 프로젝트를 기획하여 공모에 선정될 경우 프로젝트 시행을 위한 지원금(팀별 최대 2000만 원)을 지급하는 프로그램입니다. 공모 주제는 ① 외국 대중에게 한국에 대한 올바른 인식과 이해를 제고하는 프로젝트, ② 외국 대중에게 한국에 대한 신뢰를 증진시키고 관심을 제고하는 프로젝트, ③ 한국과 세계를 이어주는 가교 역할을 수행하는 프로젝트, ④ 우리나라의 문화·정책·지식 등을 활용한 공공외교 프로젝트 등입니다. 2013년 공모에서는 작곡가이자 지금은 예능인이 된 돈 스파이크가 이끄는 ASK팀이 제안한 아프리카 케냐에서 케이팝 오디션을 개최하는 프로젝트가 선정된 적이 있습니다.

5. 국민외교: 공공외교의 국내적 기반 강화

국민외교는 공공외교와는 다른 차원의 영역이지만, 국민들의 공공외교 역량 강화와도 연결되기 때문에 간략히 소개하겠습니다. 문재인 정부 들어 '국민외교'라는 국민참여형 외교가 강조되고 있습니다. 국민외교라는 개념은 국민도 외교의 주체이며 주요 외교정책 결정 과정에서 국민과의 소통을 통해 민주적·절차적 정당성을 확보하고, 국민적 합의를 근간으로 한 외교 수행을 강조하고 있습니다. 이를 위해 대국민 소통과 참여를 강화하는 것입니다. 국민외교는 '국민의 의지가 담긴 외교', '국민과 소통하는 외교', '국민과 함께하는 외교'로 표현되고 있습니다. 공공외교 측면에서 보면 국민은 중요한 공공외교의 주체이기 때문에 국민에 대한 정보 제공, 국민과의 소통, 국민의 참여 강화가 매우 중요합니다. 이러한 차원에서 국민외교는 공공외교의 국내적 기반을 강화한다고 볼 수 있습니다. 공공외교의 인적 자산과 소프트파워 자산으로서의 국민을 상정하고 정보 소통, 교육 등을 통해 국민의 공공외교 역량을 강화하기 위한 노력이 국민외교의 한 측면이 되는 것입니다.

그렇다면 국민외교는 현실에서 어떻게 이루어지는 것일까요? 크게 보면 국민에 대한 정보 공유, 국민이 외교에 참여할 수 있도록 제도적 장치 마련, 국민의 공공외교 역량 강화 등이 있습니다. 우선 외교부는 외교 정책 추진 과정에서 국민 여론을 적극 반영하기 위해 '국민외교센터'를 개설했습니다. 이것은 외교정책 수립에서 국민의 의견을 수렴하고 참여를 이끌어내기 위한 오프라인 형태의 플랫폼으로, 공청회·학술회의 개최, 여론조사 실시, 시민 단체와의 연계 등을 수행합니다. 국민외교센터는 오프라인과 함께 온라인에서도 국민의 외교 참여 채널을 열어놓고 있습니다. 페이스북, 유튜브, 인스타그램 등에 국민외교센터 계정을 만들었고, 국민외교 모바일 앱도 만들었습니다. 외교부에 바라는 점을 토론방에서 제안할 수 있습니다. 이와 함께 외교정책 제안 공모전 등도 실시하고 있습니다.

국민에 대한 정보 공유와 관련해 외교부는 다양한 세미나 또는 강연 개최 등을 통해 외교 현안에 대한 관심과 이해를 높임으로써, 국민의 요구와 지혜가 외교정책에 반영될 수 있도록 노력하고 있습니다. '국민외교 공감 팩토리 시리즈'는 주요 국가 개관 및 우리나라와의 관계에 대한 강연과 토론을 통해 외교에 대한 국민의 관심과 이해를 제고하는 학습의 장으로 활용되고 있습니다. 아울러 국민을 대상으로 한 평생교육과정에 외교 관련 강좌를 개설하여 '국민외교 열린 캠퍼스'를 운영하고 있습니다.

국민의 외교 참여를 위한 제도적 장치 마련과 관련해서는 국민외교 정책 제안 국민 공모전, 국민외교 자유발언대, 국민외교 설문조사 등을 통해 다양한 제안을 접수하고, 유효한 제안은 정책 수립에도 활용하고 있습니다. 또한 간담회 개최 또는 정책 연구를 바탕으로 외교정책 수립 과정에서 국민 참여모델을 개발하는 등, 참여 확대 방안을 지속적으로 모색하고 있습니다. 이와 함께 국민외교 디자인단을 선발, 지리적·시간적 제약으로 국민외교 행사에 직접 참여하기 어려운 국민들을 위해 다양한 국민외교 행사를 취재하여 SNS를 통해 널리 알리고, 이들이 직접 기획·추진하는 국민 참여 행사를 마련함으로써 국민외교의 저변을 확대하고자 노력하고 있습니다.

제1차 대한민국 공공외교 기본계획(2017~2021)*

I. 기본계획 수립 배경 및 경과

1. 수립 배경

- 외교 패러다임의 변화: 국제사회의 공공외교 전쟁
  - 민주주의의 확산, SNS 등 통신수단의 변화, 세계화 등 외교활동의 근본적 변화에 따라 정책 결정과정에서 여론 주도층과 일반 국민의 영향력 급증
  ⇒ 외국 국민들의 마음을 얻고 한국에 대한 지지 여론을 확보하는 '공공외교'가 우리나라 국익 달성에 매우 중요한 영역으로 자리매김
  ※ 9.11 사태(적군이 아닌 외국 민간에 의한 공격)를 계기로 정부를 대상으로 한 전통 외교에 대한 성찰과 한계로 공공외교의 중요성 급부상
    - 미·중·일·독 등 강대국 뿐 아니라 호주·노르웨이 등 중견 선진국도 공공외교 전담 조직 설치 및 예산 확대 등 전면적 공공외교 전쟁 수행 중

- 우리 나라의 현주소: 우호적 대외 환경 조성이 생존과 번영의 필수 조건
  - 우리나라의 안보 확보 및 경제 번영의 영역 확대를 위해서는 대외적 지지 기반 확대가 요구
  ⇒ 한국의 매력 확산과 국제적 신뢰도 증대가 관건 중 하나

- 외교 주체의 다변화 및 매력자산 다각화
  - 외교부 중심의 전통외교와 달리 공공외교는 중앙부처, 지자체, 민간 등 다양한 주체가 수행

*「제1차 대한민국 공공외교 기본계획(2017~2021)」 중 1장과 2장만 인용했습니다.

■ 한류뿐 아니라 우리의 역사, 전통, 국민 대 국민 간 유대 등 소프트 파워의 자산이 다 각화 되고 있고 외국국민의 한국에 대한 관심과 교류에 대한 수요도 증대

☞ **한국의 통합적 공공외교 전략 수립 및 효과성 제고 필요**

2. 추진 경과

● 공공외교법 제정 및 발효('16.2~8)
■ 범정부적 · 범국민적 차원의 통합적 · 체계적인 공공외교 추진을 위한 법적 기반 마련을 위해 2016년 공공외교법 제정(2016.2) 및 발효(2016.8.4)

[공공외교법 제1조] 제정 목적
- 공공외교 강화 및 효율성 제고의 기반을 조성함으로써 국제사회에서 대한민국의 국가이미지 및 위상 제고에 이바지하기 위함

[공공외교법 제2조] 정의
- 공공외교란 국가가 직접 또는 지방자치단체 및 민간부문과 협력하여 문화, 지식, 정책 등을 통하여 대한민국에 대한 외국 국민들의 이해와 신뢰를 증진시키는 외교 활동

[공공외교법 제6조] 공공외교 기본계획 수립
- 기본계획에는 향후 5년간의 ▲공공외교 활동의 정책방향 및 추진목표, ▲공공외교 주요정책의 수립 · 조정에 관한 사항, ▲공공외교 재원 조달 및 운용에 관한 사항, ▲공공외교 기반조성, 제도개선 및 평가에 관한 사항, ▲공공외교를 위한 지방자치단체 및 민간부문에 대한 지원방안 등이 포함되어야 함

[공공외교법 제8조] 공공외교위원회 설치
- 공공외교 정책의 종합적 · 체계적 추진을 위한 주요사항을 심의 · 조정하기 위한 공공외교위원회(위원장: 외교부장관, 위원: 관계부처 차관 및 민간 전문가 등 총 20명)를 설치함

[공공외교법 제10조] 공공외교 실태조사

- 외교부장관은 공공외교 정책의 수립·시행을 위해 공공외교 현황에 관한 실태조사를 실시할 수 있음

* 시행령 제10조: 정기조사는 매 2년마다, 수시조사는 수시로 실시 가능

- 동 법은 △공공외교에 대한 정의, △범정부 차원의 공공외교 통합조정기구로서 공공외교위원회 설치·운영, △5개년 공공외교 기본계획 및 연례 공공외교 시행계획 수립, △공공외교 실태조사 실시 등을 규정

● 공공외교 기본계획 수립을 위한 연구용역 실시('16.8~'17.5)
● 공공외교 기본계획, 중앙행정기관 및 지자체 의견 수렴('17.4~7)
● 공공외교위원회 안건 상정 및 승인('17.8.10)

3. 대한민국 공공외교 현황 및 문제점

● 공공외교 현황
  ■ 현재 외교부를 비롯하여 문체부, 교육부 등 중앙부처, 한국국제교류재단(Korea Foundation, KF), 국립국제교육원 등 정부 소속기관 및 산하기관, 지자체, 민간단체 등 다양한 국내 부처·기관들이 공공외교 활동 수행 중
    - 중앙부처의 경우 소관업무와 연계하여 국제교류 차원에서 이뤄지고 있고, 지자체도 국제화 역량 강화 및 경제 활성화(외국인 투자 및 관광객 유치 등) 차원에서 추진 중
    - 민간 부문에서는 문화교류 중심의 공공외교 활동이 자체적으로 또는 중앙부처/지자체와 공조하여 진행
  ■ 과거에 비해 모든 부처·기관들의 국제교류 업무 증대 및 활동 영역의 지평 확대 등으로 인해 공공외교 성격의 활동도 자연스럽게 증가

- 문제점 및 한계점
  - 중앙부처, 지자체, 민간의 공공외교 활동이 상호 조율없이 각각 나름대로 수행되고 있음에 따라, 유사 · 중복, 편중 및 누락 문제 발생
    - 범정부 차원의 공공외교 총괄 · 조정 체계가 부재하여 공공외교 활동 현황 파악이 쉽지 않고 업무가 중복되는 등 비효율성 존재
  - 아울러, "공공외교"라는 개념이 국내에 본격적으로 알려진 것이 오래되지 않아 공공외교에 대한 인식이 낮은 편이며, 사실상 공공외교에 해당하는 활동 혹은 사업임에도 불구하고 이를 공공외교로 인지하지 못하는 경우도 존재
    - 이에 따라 해당 활동/사업을 우리의 외교적 목적에 맞게 적극 활용하지 못하여 국익증대로 이어지지 못하는 실정
  - 민간의 경우 대상 국가의 상황이나 국민적 특성을 감안하지 못한채 일방적으로 추진되어 우리나라에 대한 긍정적 인식이나 호감도로 보다 효과적으로 이어지지 못하는 경우도 존재

4. 향후 과제

- 공공외교 효과성 제고를 위한 향후 과제
  - 공공외교법 제정을 통해 공공외교 수행을 위한 법적 기반이 마련된 만큼 향후에는 공공외교법의 내실있는 이행이 긴요하며, 특히 공공외교에 대한 인식 제고 및 공공외교 추진 체계 강화가 절실
    - 범정부 차원의 공공외교 총괄 · 조정 체계가 부재하여 공공외교 활동 현황 파악이 쉽지 않고 업무가 중복되는 등 비효율성 존재
  - 우선, 공공외교에 대한 정의를 명확히 하여 이에 따른 공공외교 활동 현황을 정리하여 중앙 부처, 지자체, 민간 등 공공외교 수행주체에게 알리는 한편, 각 주체간(특히 중앙부처-지자체간)의 긴밀한 협업을 통한 공공외교 효과 제고 도모
    - 무엇보다 대한민국 공공외교 통합조정기구로서 공공외교위원회의 역할 정립 및 범정부 차원의 협업체제 구축이 최우선 과제
  - 또한, 국민 참여형 공공외교 활성화를 통해 일반국민의 공공외교에 대한 인식 및 사회적 공감대 확산 도모

- 특히 '국민 참여형 공공외교'는 신정부의 주요 국정운영 철학인 '국민과의 소통 강화' 차원에서 주요 외교정책 결정 및 추진과정에서 민간의 아이디어와 국제화 역량을 활용하는 한편 우리국민의 의사를 반영할 수 있도록 하는 참여·소통 활동인 "국민외교"와도 연결

   ※ 국민외교 : 신정부의 국정과제 중 하나로서, 주요 외교정책 결정과정에서 국민과의 소통을 통해 민주적, 절차적 정당성을 확보하고 국민적 합의를 근간으로 한 외교 수행을 목적으로 하는 참여·소통 확대 활동

■ 상기와 같은 과제들을 해결하고 보다 효율적인 공공외교 수행을 위해 구체적인 가이드라인으로 활용할 수 있는 공공외교 5개년 기본계획 수립

5. 제1차 공공외교 기본계획 수립 방향

● 기본성격: 공공외교 가이드라인
  ■ 향후 5년간 범정부적 · 범국민적 차원의 통합적 · 체계적인 공공외교 이행을 위한 정책방향 및 추진목표 제시

● 주요대상: 공공외교 수행주체
  ■ 중앙부처, 지자체, 재외공관, 민간 등 대한민국 모든 공공외교 수행주체들의 공공외교 활동을 아우르는 포괄적 성격의 기본계획 수립

● 주요내용: 3대 콘텐츠별 공공외교 추진전략 등
  ■ 문화, 지식, 정책 등 콘텐츠별 활동목표 및 구체 추진전략 제시
  ■ 이외에도 국민들의 공공외교 인식제고 및 참여 강화, 공공외교 인프라 강화 관련 추진 과제 명시

● 기대효과 : 공공외교 효과성 제고
  ■ 공공외교 수요자인 외국 국민들의 한국에 대한 호감도, 이해도, 신뢰도를 효과적으로 제고하여 국익 증진에 기여하는 공공외교 추진

II. 기본계획 비전, 목표 및 추진전략

1. 비전

- "국민과 함께, 세계와 소통하는 매력 한국"

2. 목표

- 풍부한 문화재산을 활용한 국격 제고 및 국가 이미지 강화
- 한국에 대한 올바른 인식과 이해 확산
- 우리 정책에 대한 우호적 전략 환경 조성
- 공공외교 주체의 역량 강화와 상호 협업체계 정착

3. 추진 전략

- 문화공공외교
  - 선진문화국가로서의 매력 확산
  - 풍부한 문화자산을 활용한 호감도 증진
  - 쌍방향 문화 교류를 통한 소통 강화

- 지식공공외교
  - 한국의 역사, 전통, 발전상 등에 대한 이해 제고
  - 한국학 진흥 및 한국어 보급 확대

- 정책공공외교
  - 주요국 대상 우리 정책에 대한 이해도 제고
  - 정책공공외교 외연 확대
  - 국내 외국인 대상 정책공공외교 활동 강화

- 국민과 함께 하는 공공외교
  - 국민 참여형 공공외교 체계화
  - 민관 협업을 통한 국민 공공외교 강화

- 공공외교 인프라
  - 중앙부터-지자체-민간 간 협업 및 조율 체계 확립
  - 공공외교 국제 네트워크 강화
  - 선순환적 공공외교 성과평가 체계 확립
  - 정보공유와 소통을 위한 온라인 시스템 구축
  - 공공외교 정책수립을 위한 기초 조사

[자료: 외교부, 제1차 대한민국 공공외교 기본계획(2017~2021)]

| 참고문헌 |

김명섭, 안혜경. 2007. 「이후의 미국의 공공외교의 변화」. ≪세계지역연구논총≫, 25권 3호.

김유경·이효복·강소영. 2013. 「해외홍보방송이 국가브랜드 가치 제고에 미치는 영향에 관한 연구: 아리랑TV 방송 효과를 중심으로」. ≪광고연구≫, 98호.

김태환. 2016. 「현 정부 정책공공외교의 현황과 전략적 방향」. 주요국제문제분석 2016-19.

김형수·노병렬. 2016. 「한국 지방자치단체의 공공외교 활성화 방안」. ≪세계지역연구논총≫, 34집 2호.

문상현. 2018. 「공공외교와 국제방송: 한반도 평화협력시대에서 KBS월드의 역할」. ≪방송문화연구≫, 30권 2호.

스노우, 낸시(Nancy Snow). 2013. 「국제교류 그리고 미국의 이미지」. 『새 시대의 공공외교』. 최영종 감수. 서울: 인간사랑.

신범식. 2019. 「디아스포라와 공공외교」. 김상배 외. 『지구화 시대의 공공외교』. 서울: 사회평론아카데미.

심영섭. 2017. 『글로벌 경쟁환경에서 국제방송을 통한 미디어 외교』. 서울: 한국방송학회.

오가와 타다시(Ogawa Tadashi). 2013. 「일본 공공외교의 기원과 발전」. 낸시 스노우·필립 테일러 엮음. 『21세기 공공외교 핸드북』. 서울: 인간사랑.

윤영미. 2012. 「공공외교의 신패러다임의 대한 고찰: 아프카니스탄에서의 지방재건팀(PRT) 과 오쉬노(Ashena) 부대와의 연계 활동을 중심으로」. ≪세계지역연구논총≫, 30집 3호.

위웨이 왕(Yiwei Wang). 2013. 「공공외교와 중국 소프트파워의 부상」. 제프리 코윈, 니콜라스 J. 컬. 『새 시대의 공공외교』. 서울: 인간사랑.

유현석. 2009.4.29. 「한국의 공공외교 강화를 위한 소프트파워 전략」. 제10차 한국학술연구원 코리아포럼 '한국의 공공외교 활성화 방안' 발표문.

이상빈. 2009. 「프랑스의 문화외교정책: 아파(AFAA)에서 퀼튀르프랑스(Culturesfrance)로」. ≪문화예술경영학연구≫, 2권 1호.

이신화. 2019. 「평화외교와 안보공공외교」. 김상배 외 지음. 『지구화 시대의 공공외교』. 서울: 사회평론아카데미.

조부근. 2009.4.29. 「한국 문화외교의 명암」. 제10차 한국학술연구원 코리아포럼, 한국의 공공외교 활성화 방안 발표문.

조화림. 2020. 「프랑스 공공외교 정책과 문화외교 집행기관의 역할 및 특성」. 문경연, 송기

돈, 박지연 엮음. 『공공외교: 이론과 사례』. 서울: 오름.

최현진. 2000. 「국제평화유지활동과 안보공공외교」. 문경연·송기돈·박지연 엮음. 『공공외
교: 이론과 사례』. 서울: 오름.

코원, 제프리(Geoffrey Cowan)·니콜라스 컬(Nicholas Cull). 2013. 「변화하는 세계 속의
공공외교」. 코원, 제프리., 컬, 니콜라스 엮음. 『새 시대의 공공외교』. 서울: 인간사랑.

최강. 2006. 「미국 변환외교(Transformational Diplomacy)와 미·북 관계 전망」. 외교안보
연구원 엮음. ≪주요국제문제분석≫, 2006년 여름호.

황우섭. 2003. 「TV국제방송 'KBS월드'의 채널 운용과 편성전략에 관한 연구」. 『방송문화연
구』. 15권 1호.

이은미·고광남. 2004. 『해외방송 발전전략 연구』. 정책연구 2004-2. 방송통신위원회.

Badie, Bertrand. 2001. "Realism under praise, or a requiem?: The paradigmatic debate in international relations," *International Political Science Review*, Vol. 22, No. 3.

Berridge, Geoff R. 2015. *Diplomacy: Theory and Practice*. New York: Palgrave Macmillan.

Cooper, Andrew F., Richard A. 1993. "Higgott and Kim Richard Nossal," *Relocating Middle Powers: Australia and Canada in a Changing World Order*. Vancouver: UBC Press.

Cull, Nicholas J. 2019. *Public Diplomacy: Foundations for Global Engagement in the Digital Age*. Oxford: Polity Press

_____. 2009. "Public diplomacy before Gullion: The evolution of a phrase" in Snow, Nancy. and Taylor, Philip M. eds. *Routledge Handbook of Public Diplomacy*. New York, NY: Routledge.

_____. 2008. "Public diplomacy: Taxanomies and histories." CANNALS, AAPSS 616.

Evans, Gareth., Grant, Bruce. 1995. *Australia's Foreign Relations in World of the 1990s(2nd ed)*. Victoria: Melbourne University Press.

Melissen Jan. 2005. *The New Public Diplomacy: Soft Power in International Relations*. New York, NY: Palgrave Macmillan.

Nye, Joseph. 2019. "Soft Power and Public Diplomacy Revisited." *The Hague Journal of Diplomacy*, Vol. 14.

_____. 2008. "The Power to Lead. Oxford: Oxford University Press".

_____. 2004. *Soft Power: The Means to Success in World Politics*. NY:Public Affairs.

O'Keeffe, Annmaree., Oliver, A. 2010. "International Broadcasting and Its Contribution to Public Diplomacy". LOWY Institute for International Policy.

Pamment, James. 2016. "Introduction, Intersections Between Public Diplomacy." *International Development: Case Studies in Converging Fields(USC Center on Public Diplomacy Perspectives Series)*.

Stephen, Johnson., Dale, Helle. 2003. "How to reinvigorate U.S. public Diplomacy." *The Heritage Foundation Backgrounder*, No. 1645, April.

Commonwealth of Australia.1997. "In the National Interest: Australia's Foreign and Trade Policy." White Paper.

State Department and USAID. 2010. "Leading Through Civilian Power: The First Quadrennial Diplomacy and Development Review."

지은이 | **유현석**

연세대학교 정치외교학과를 졸업하고 미국 콜로라도 대학교(University of Colorado Boulder)에서 정치학 석사학위를, 노스웨스턴 대학교(Northwestern University)에서 정치학 박사학위를 받았다. 중앙대학교 국제관계학과 교수를 거쳐 현재 경희대학교 정치외교학과 교수로 재직 중이다. 일본 게이오 대학교 법정대학 방문교수, 태국 쭐랄롱꼰 대학교 안보국제문제 연구소(Institute of Security and International Studies) 방문학자로 연구했다. 공공외교 추진 기관인 외교부 산하 한국국제교류재단(KF) 이사장으로 근무했으며, 주말레이시아 한국 대사로 일했다. 주 관심 분야는 공공외교, 외교의 변화, 동아시아 지역협력, ASEAN 등이다.

한울아카데미 2276
유현석 교수의 공공외교 수업

© 유현석, 2020

지은이 | 유현석
펴낸이 | 김종수
펴낸곳 | 한울엠플러스(주)
편집책임 | 최진희
편집 | 이동규

초판 1쇄 인쇄 | 2020년 12월 24일
초판 1쇄 발행 | 2020년 12월 31일

주소 | 10881 경기도 파주시 광인사길 153 한울시소빌딩 3층
전화 | 031-955-0655
팩스 | 031-955-0656
홈페이지 | www.hanulmplus.kr
등록 | 제406-2015-000143호

Printed in Korea.
ISBN 978-89-460-8004-1 93340

* 책값은 겉표지에 표시되어 있습니다.